La vieillesse
par une vraie vieille

De la même auteure

Lit double 3, roman, Libre Expression, 2014;
    collection « 10 sur 10 », 2016.
Lit double 2, roman, Libre Expression, 2013;
    collection « 10 sur 10 », 2015.
Lit double 1, roman, Libre Expression, 2012;
    collection « 10 sur 10 », 2015.
Ti-Boutte, album littérature jeunesse,
    Éditions de la Bagnole, 2010.
Le Cocon, roman, Libre Expression, 2009;
    collection « 10 sur 10 », 2013.
Le Bien des miens, roman, Libre Expression,
    2007; collection « 10 sur 10 », 2012.
Les Recettes de Janette, cuisine, Libre Expression, 2005.
Ma vie en trois actes, autobiographie, Libre Expression,
    2004; collection « 10 sur 10 », 2011.

Janette
Bertrand

La vieillesse
par une vraie vieille

Une société de Québecor Média

Catalogage avant publication de Bibliothèque et Archives nationales du Québec et Bibliothèque et Archives Canada

Bertrand, Janette, 1925-
    La vieillesse par une vraie vieille
    ISBN 978-2-7648-1144-3
    1. Bertrand, Janette, 1925-   . 2. Personnalités de la radio et de la télévision - Québec (Province) - Biographies. 3. Écrivains québécois - 20e siècle - Biographies. I. Titre.

PN1990.72.B47A3 2016   791.45092   C2015-942672-3

Édition : Johanne Guay
Révision et correction : Marie Pigeon Labrecque et Gervaise Delmas
Couverture : Chantal Boyer
Mise en pages : Axel Pérez de León
Photo de l'auteure : Julien Faugère

Remerciements
Nous remercions le Conseil des Arts du Canada et la Société de développement des entreprises culturelles du Québec (SODEC) du soutien accordé à notre programme de publication. Gouvernement du Québec – Programme de crédit d'impôt pour l'édition de livres – gestion SODEC.

Financé par le gouvernement du Canada | Canada

Tous droits de traduction et d'adaptation réservés ; toute reproduction d'un extrait quelconque de ce livre par quelque procédé que ce soit, et notamment par photocopie ou microfilm, est strictement interdite sans l'autorisation écrite de l'éditeur.

© Les Éditions Libre Expression, 2016

Les Éditions Libre Expression
Groupe Librex inc.
Une société de Québecor Média
La Tourelle
1055, boul. René-Lévesque Est
Bureau 300
Montréal (Québec) H2L 4S5
Tél. : 514 849-5259
Téléc. : 514 849-1388
www.edlibreexpression.com

Dépôt légal – Bibliothèque et Archives nationales du Québec et Bibliothèque et Archives Canada, 2016

ISBN : 978-2-7648-1144-3

Distribution au Canada
Messageries ADP inc.
2315, rue de la Province
Longueuil (Québec) J4G 1G4
Tél. : 450 640-1234
Sans frais : 1 800 771-3022
www.messageries-adp.com

Diffusion hors Canada
Interforum
Immeuble Paryseine
3, allée de la Seine
F-94854 Ivry-sur-Seine Cedex
Tél. : 33 (0)1 49 59 10 10
www.interforum.fr

À tous ceux et celles qui ont peur de vieillir.

Aujourd'hui, en cette journée de septembre 2014, je reprends mon autobiographie, *Ma vie en trois actes*, là où je l'ai laissée il y a dix ans. J'avais alors quatre-vingts ans.

Rendue à la fin de ma vie, je sens le besoin de parler de ce que je vis, la vieillesse, le grand âge. Je crois que seule une vraie vieille peut parler en connaissance de cause de ce phénomène important. J'ai parcouru maints livres et documents sur la vieillesse, peu sont écrits par une vieille personne. Je sais ce que c'est qu'être jeune, je l'ai été, mais quelle jeune personne en bas de soixante-dix ans peut me parler de la vieillesse puisqu'elle n'a jamais été vieille ? Je comble cette lacune. Voilà où j'en suis dans ma vie : dénouer les nœuds de mon existence, conclure, transmettre ce que j'ai appris. Je ne sais pas quand la mort va m'extraire de ce monde. Il me reste combien d'années à vivre ? Deux, trois, quatre, dix au plus, ce qui me ferait centenaire. Je n'ai ni hâte ni peur de mourir. C'est normal. On meurt tous. J'irais jusqu'à dire que mourir fait partie de la vie. C'est la vie. On naît, on meurt. Tous ! Quand, comment vais-je mourir ? Je ne veux pas le savoir. J'entre dans le grand âge confiante, pleine d'énergie. J'embarque dans ma dernière aventure, mon dernier défi, vivre une décennie dans le plaisir, la joie. Je constate que la pensée de ma mort, loin de m'attrister, me rend sereine. Plus la mort est proche, plus je suis vivante et plus j'ai le goût de profiter de chaque instant qui me reste à vivre. Je me trouverais égoïste de garder pour moi ce que la vie m'a appris. Je ne suis ni gérontologue ni psychologue. Je suis une femme née en 1925 qui a été témoin d'immenses changements sociaux. Je ne prétends pas posséder la vérité, encore moins la sagesse. Vous n'êtes pas obligé d'être d'accord avec moi. Je veux tout simplement vous faire part de mon goût de vivre, de mes pensées positives sur la vie. À vous de les faire vôtres ou pas.

À ceux qui ont peur de vieillir

Ce livre ne s'adresse pas spécialement aux vieilles personnes ; elles en savent autant que moi, sinon plus. Je m'adresse à tous ceux qui ont peur de vieillir et qui considèrent la fin de leur vie comme un naufrage, ceux qui ne veulent pas vieillir.

Je m'adresse en somme à tous ceux qui seront vieux demain ou après-demain.

Pourquoi a-t-on si peur de vieillir ?

Parce que les images que l'on nous projette dans les nouvelles sont celles de vieux malades, de vieux abandonnés, maltraités. Rarement on nous montre des vieux heureux, bien dans leur âge. Je veux changer l'image d'une vieillesse naufragée, souffrante et délaissée, et la remplacer par celle d'une vieillesse épanouie.

Pourquoi ne faut-il pas avoir peur de vieillir ?

Il n'y a pas que des vieux malades ou délaissés. Il y a des vieux en santé, pleins de joie de vivre. Mais on ne les voit pas. Chaque année s'ajoute à leur vie, mais dans le fond, dans leurs têtes, ils n'ont pas d'âge. Ils sont eux-mêmes, tout simplement.

L'espérance de vie qui s'allonge d'année en année nous fait un cadeau inestimable : trente ans de plus à vivre, une seconde vie d'adulte. Dans les années 1950, on mourait à l'âge où commence la retraite de nos jours. Vous, les baby-boomers, êtes les premiers humains qui pourront, après avoir travaillé quarante-cinq ans, avoir trente autres bonnes années à vivre. Pensez-y, trente ans de plus que votre mère, votre père, votre grand-père, votre grand-mère, à profiter de la vie. Un bonus. Un gros cadeau. Ça mérite qu'on y réfléchisse.

Les boomers conditionnés par les images désastreuses de leurs vieux grands-parents ont peur de finir seuls, pas aimés, dépendants, déments ou isolés des leurs. Alors, pour affronter cette peur, ils s'accrochent à la jeunesse dans un déni total. Or, il n'y a pas plus vieux que ceux et celles qui refusent de vieillir.

Je vous préviens, je vais employer les mots « vieux, vieille » tout au long du livre. Je suis vieille. J'ai droit à ce mot autant que les jeunes de vingt-cinq ans ont droit au mot « jeune ». Je suis fatiguée des euphémismes : âge d'or, séniors… Je suis vieille, comme les jeunes sont jeunes.

Il y en a pour qui la vieillesse est un naufrage. Moi, j'ai choisi d'être de celles pour qui l'alternative est claire : vieillir ou mourir. Ou bien t'es vieux ou bien t'es mort. Je suis vieille, donc je suis vivante, alors je profite de la vie.

— Mais à quel âge est-on vieux ?

On devient vieux quand on devient triste, amer et désabusé, qu'on ne croit plus à rien ni à personne. Il y a des vieux de vingt ans, il y a des jeunes de quatre-vingt-dix ans…

— Oui, mais en chiffres ?

À mon avis, de nos jours, il est de plus en plus difficile de mettre un âge sur les gens. On est sans âge, mais si on veut parler chiffres, on est vieux à partir de soixante-dix ans, selon moi. Et passé quatre-vingts ans, c'est le grand âge, la vieillesse.

Je pense que vieillir, ça s'apprend…

— Ça ne s'apprend pas, vieillir, ça arrive, bête de même.

Ça s'apprend ! Je l'ai appris à même mes erreurs et je me propose de vous transmettre mon savoir pour vous préparer une vieillesse heureuse. Il ne s'agit pas ici d'idéaliser la vieillesse, mais de l'apprivoiser. Puisqu'on va vivre plus longtemps, autant se préparer tôt : trente ans de plus à vivre, une seconde vie d'adulte à vivre. Ce serait trop idiot de gaspiller ou même de gâcher ces précieuses années.

Lettre aux baby-boomers

Chers baby-boomers,

Vous avez eu la chance de naître dans une période où tout vous était accessible et vous vous êtes gavés d'idéalisme, de liberté. Vous avez changé la société pour l'améliorer et vous êtes en quête perpétuelle de mieux-être. Pour vous, la jeunesse est éternelle. Vous ne vieillirez pas ! Pensez-vous. J'ai des petites nouvelles. Vous, revendicateurs de haut niveau, n'empêcherez pas la vieillesse de vous tomber dessus. Vous allez prendre de l'âge et mourir comme tous les êtres vivants depuis que la terre est terre, et ce n'est pas parce que vous avez contrôlé les naissances que vous allez contrôler la vieillesse et la mort.

Vous avez, en moyenne, de vingt à trente ans encore à vivre.

Qu'allez-vous faire de ce cadeau ?

Vous pouvez ne rien en faire, suivre les conseils de la publicité et voir en ces années de bonus des années de liberté.

Mais attention ! Quand on a travaillé toute sa vie, il est dangereux de faire une overdose de liberté. Oui, c'est le *fun* de flâner dans la maison en pyjama, de regarder la télévision l'après-midi, de se coucher tard, de se lever tard. Penser à rien. Se la couler douce. Pour une semaine, un mois, ça va, mais... trente ans ? Les vacances ont été inventées pour se reposer entre deux périodes de travail, pas pour durer trente ans ! Trente ans à ne rien faire, moi, je capote.

Ce que j'observe : ceux qui n'ont pas réfléchi à cette seconde vie d'adulte qui leur est offerte et n'ont pas fait de plans pour combler ces nombreuses années d'inactivité se retrouvent après un ou deux ans de liberté dans les bureaux de médecins pour anxiété, angoisse, dépression, troubles érectiles, etc. Ce n'est pas pour rien que les fabricants d'antidépresseurs et de Viagra font fortune. Appréhension, sentiment de flottement, les retraités qui se replient sur eux-mêmes, se négligent. Ils voient de moins en moins de monde. Ils s'isolent. Trente ans d'isolement, alors que l'être humain est essentiellement social, il y a de quoi être malade.

— Que faire ?

C'est quand on est adulte pour la première fois qu'on doit penser à sa deuxième vie d'adulte, la préparer sérieusement. Même si quand on est jeune on n'aime pas penser à l'avenir, il faut prévoir ce qu'on désire accomplir durant les longues années à venir.

Tout le monde est d'accord sur le principe : il faut préparer sa retraite en mettant de l'argent de côté, mais c'est sa vieillesse qu'on doit préparer surtout. La vieillesse, peu s'en occupent. On l'occulte plutôt.

— Comment préparer ces années de reconstruction de vie, de changement de carrière peut-être ?

En s'écoutant. En prenant le temps, aujourd'hui que vous êtes encore au travail, de vous poser les vraies questions et en y répondant sincèrement.

— Je suis capable de paresser trois semaines par année pendant mes vacances, mais mille cinq cent soixante semaines à ne rien faire que m'amuser, est-ce que je ne vais pas tourner en rond, m'ennuyer à mort pendant ces mille cinq cent soixante semaines de ma retraite ?

— Je gagne bien ma vie, mais quand il va me rester trente ans à vivre sans gagner d'argent, ma pension va-t-elle me suffire pour subvenir à mes besoins et m'offrir des petits plaisirs ?

— Si je n'ai pas de pension, où vais-je prendre l'argent nécessaire pour vivre toutes ces années ?

— J'aime travailler pour gagner ma vie, mais surtout pour être reconnu, apprécié, valorisé. Est-ce que je vais supporter une vie où mes aptitudes, mes talents ne serviront plus à personne ? Où jamais on ne va me féliciter, me remercier pour mes bons coups ? Où je vais passer inaperçu ? Être invisible ?

— J'aime me sentir utile, nécessaire même. En quoi vais-je me rendre utile si je ne fais rien ? Et je serai nécessaire à qui, si je fais le vide autour de moi ?

— Qu'est-ce que je fais avec mon corps que le temps use ? Quand je vais travailler, je marche, je cours, je me déplace. Il faut que je sois en forme pour travailler. Quand je ne ferai rien d'autre que me vautrer dans un fauteuil, serai-je en forme?

— Moi qui aime apprendre des autres, que va-t-il arriver de ma vivacité d'esprit, de mon sens de la réplique, de ma mémoire si je rétrécis mon entourage?

— Qu'est-ce qu'il va me rester à apprendre si je ne vois personne?

— Qu'est-ce que je vais pouvoir transmettre aux autres si je vis comme un légume?

— Où est-ce que je vais me faire des amis si je ne sors pas?

Ces questions en soulèvent d'autres.

— Si je vis en couple, la promiscuité, les vingt-quatre heures sur vingt-quatre collés ensemble vont-elles nous détruire? Que va-t-il arriver à notre relation? Vingt-cinq pour cent des couples retraités se séparent, selon le Dr Lamontagne[*].

— Si je suis célibataire, trente ans de plus à vivre seul, est-ce que ce ne sera pas un peu long et triste?

Et enfin, après toutes ces interrogations arrive la lumière.

— Et si j'avais une autre carrière? Une autre union? Si je me découvrais une nouvelle passion?

Ce ne sera plus le temps au bord de la retraite de s'interroger sur les trente ans à venir. Il faut le faire au mitan de la vie.

Chers boomers, vous avez été capables de vous battre pour obtenir pour vous et pour les générations

---

[*] Dr Yves Lamontagne, *Une retraite épanouie, trucs et conseils pour s'y préparer*, Québec Amérique, 2014, p. 85.

futures des conditions de vie confortables, agréables et productives, alors il faut continuer de vous battre durant toutes ces années qu'il vous reste à vivre. Je sais que cette seconde vie d'adulte qui vous est donnée ne sera pas un cadeau empoisonné. J'ai confiance en vous.

Avec toute mon admiration,

Janette, la silencieuse
(enfin, de la génération silencieuse)

Le goût de vivre

— Qu'est-ce qu'un vieux peut tant attendre de la vie ?
Tout !!! Je veux tout, comme le chante Ariane Moffatt. « Je veux tout, tout, tout. » C'est le désir de vivre qui me tient debout. Je sais bien que je suis devenue fragile comme les verres de Bohême rapportés de Prague il y a cinquante ans. Ils s'effritent, mais avant de se briser en mille miettes, ils serviront encore. Vous allez penser :
— La Janette, elle se compare pas avec n'importe quoi !
Il y a cinquante ans, je me serais comparée à des verres en carton jetables, mais au fil des années, j'ai pris une certaine confiance en moi, assez pour croire devoir partager avec vous mes idées sur les dernières années de la vie. Depuis 2004, année de la parution de *Ma vie en trois actes*, s'il y a eu dans ma vie de la maladie, des douleurs, des frustrations, des deuils, il y a surtout

eu de la joie, des temps lisses, doux, tendres avec mon amoureux, des moments précieux avec mes filles et mon garçon et des échanges joyeux avec mes grands petits-enfants, sans oublier les jeux et les câlins avec mes trois arrière-petites-filles. Ma famille me comble, mais... il me faut des projets pour me sentir bien dans ma peau.

Le projet, ça le dit, ça projette dans l'avenir. J'aime avoir un défi, prendre des risques, passer mes heures à atteindre mon but. Avoir de l'amour autour de moi et des projets, c'est le secret de ma longévité épanouie. Il n'est pas question ici de bonheur absolu ni de la manne dans le désert de mon Histoire sainte, mais bien de petits plaisirs que tout un chacun peut s'offrir. L'amour, s'il ne vient pas d'un amoureux, peut venir d'un ou d'une amie, de copains ou de camarades. Les projets peuvent être ultra-simples et gratuits. Ma marraine, qui n'avait pas le sou, me donnait du temps comme cadeau de fête, elle m'offrait une journée avec elle au parc La Fontaine et, comme souper de fête, elle me faisait des frites carrées. Pas un sou de dépensé, mais des plaisirs que je n'ai jamais oubliés. Ce sont ces petites douceurs qui aident à supporter les menus bobos. C'est du bonheur gratos !

— Le bonheur, le bonheur, elle est-tu fatigante, elle, avec ça ! Elle, elle a tout pour être heureuse, l'amour, l'argent, les bons enfants, le travail, le *fun*. Moi, je n'ai rien.

Je pourrais, avec tout ce que j'ai, ne pas être heureuse. Il faut faire des efforts pour être heureux. Il faut être à l'affût des petits plaisirs, les reconnaître comme tels quand ils passent et en jouir. À l'heure du « T'es où, là ? » au cellulaire, un rendez-vous entre quatre yeux est un privilège. C'est un luxe aujourd'hui de voir la bouche d'où sort la voix, de regarder les yeux qui brillent ou qui se mouillent, c'est un luxe, se toucher, s'embrasser en chair et en os. Donner du temps dans un monde où le temps, c'est de l'argent, c'est un cadeau hors de prix.

Faut pas s'en priver et je ne m'en prive pas…

Prendre sa retraite ou pas

Il y a des jours, lorsque j'ai passé six heures d'affilée à enseigner l'écriture dramatique à l'Inis (Institut national de l'image et du son), j'ai tendance, au retour, à me bercer avec mon chat sur mes genoux. Je suis exténuée. Pas le goût d'écrire ni de faire à manger. Je me jure de prendre ma retraite et de me bercer *ad vitam æternam*. Ça dure quinze minutes et puis je m'ennuie.

La retraite, c'est le fantasme de tous ceux qui travaillent dur de leurs bras ou de leurs têtes.

Quand on s'est démené à gagner sa vie, à élever une famille, on a bien le droit de ne rien faire.

On a le droit ! Pour les femmes qui travaillent en plus de tenir maison, la retraite ne signifie pas ne plus faire la cuisine, le ménage, le lavage, le barda. La retraite, c'est ne plus avoir à partir tôt dans le froid pour le travail et à continuer le soir à s'occuper de la maisonnée. Si je compte les repas que j'ai préparés dans ma longue vie, il y a de quoi me dégoûter à jamais de la nourriture. Une vraie retraite pour les femmes, ce n'est pas possible. Pour les hommes, ne plus avoir à se raser, à prendre le métro, l'auto, à travailler toute la journée, à retourner à la maison dans la circulation, la retraite, c'est un soulagement. Mais une fois soulagé, qu'est-ce qu'on fait ?

Après soixante ans, en général, les femmes sont fatiguées, les hommes, épuisés, alors l'idée de la retraite flotte au-dessus de leurs têtes comme un nuage rose. « Tanné, à boutte, au coton », on rêve de se faire servir comme lorsqu'on est en vacances. On oublie que, ce qui donne de la valeur aux vacances, c'est qu'elles s'insèrent entre deux périodes de travail. Des vacances à l'année, quel ennui !

Ce le serait pour moi, en tout cas. Être active, pour moi, ce n'est pas faire de l'exercice, ça veut dire faire ce que je sais faire et en faire profiter les autres, c'est-à-dire écrire et enseigner. Pourquoi j'arrêterais de travailler puisque j'aime ce que je fais, que j'y prends du plaisir ? Je crois sincèrement qu'être actif et productif garde jeune. Le pire ennemi du retraité, c'est l'inaction. La meilleure façon d'oublier ses petits bobos, c'est de s'occuper.

Moi, je ne prends pas ma retraite, mais chacun est libre de la prendre.

Où aller après la retraite ?

Une fois les enfants envolés du nid, les retraités se retrouvent souvent seuls dans un espace trop grand pour eux. Ils peuvent garder leur maison ou, s'ils sont en appartement, en trouver un plus petit, moins dispendieux. Le choix n'est pas grand. Il y a les condos pour les gens qui ont des économies et les plus petits logements pour les autres. Une autre option que les condos ? Les résidences pour retraités autonomes, résidences qui poussent comme de la mauvaise herbe dans les grandes villes et dans leurs banlieues.

Il m'arrive de tomber sur certaines de leurs publicités à la télévision. On y voit de beaux retraités musclés et de belles dames minces se baignant dans une piscine. Où sont les petits vieux tricotés au crochet, comme disait mon père, où les a-t-on cachés ? On nous montre ces mannequins dans une atmosphère de Club Med comme si les jeux de société et la piscine pouvaient combler la vie des personnes âgées. Suis-je l'unique femme âgée à ne pas vouloir la fête tous les jours ? Je ne veux pas vivre en vacances à l'année. Je ne veux pas m'amuser tous les jours. Je veux vivre mon quotidien là où j'aurai des contacts avec des bébés, des jeunes, des couples, des célibataires, des gais, des gens de tous les âges et de tous les genres, de toutes les nationalités. Dans les résidences ou autres maisons de retraite les vieux sont parqués dans des logements ou condos où ils sont entre eux, rien que des vieux : un ghetto. Je ne supporterais pas de vivre dans un ghetto même doré où immanquablement on va parler avec les autres vieux de ses petits bobos, du bon vieux temps et de l'ingratitude des enfants. L'avenir des personnes qui ont fait le Québec, ce n'est pas de jouer aux cartes ou aux poches à longueur d'année. Dernièrement, on montrait dans un documentaire des vieux d'une résidence jouant à des jeux et se conduisant comme des enfants dans une garderie. Ça m'a blessée. Je ne suis pas retombée en enfance, je ne veux pas qu'on m'infantilise. Je suis tannée des vieux qui jouent des tours dans les livres, au cinéma et à la télévision. Je veux qu'on me montre des vieux dignes, sereins, dont la parole est précieuse. Je ne blâme pas ceux qui ont choisi librement ce genre de vie. S'ils sont heureux, tant mieux pour eux. Ce qui m'enrage, c'est le peu de choix qui s'offre à nous qui vieillissons après une vie de labeur. Je comprends qu'on puisse se créer des relations en s'amusant, mais il y a d'autres moyens de socialiser, j'espère. La résidence où les vieux vivent tous regroupés semble être la seule solution quand on ne veut plus tenir maison. Il devrait y en avoir d'autres.

Je sais ce dont je parle. Après la mort de mon père, ma belle-mère s'est laissé séduire par ces publicités de Club Med. Elle a vendu sa maison en plein quartier animé de Montréal, a payé un an d'avance pour un appartement minuscule dans une tour en plein champ. Elle était attirée surtout par le côté distractions, loisirs, de la publicité et puis une infirmière devait veiller sur elle. Au début, c'était le paradis. Elle s'est vite aperçue qu'elle étouffait dans son appartement de poupée où aucun de ses meubles n'avait pu trouver place. Elle s'est fatiguée d'entendre parler sans arrêt de maladies et des enfants ingrats qui avaient poussé leurs parents vers ce fameux paradis. Elle s'est rendu compte que très peu de vieux jouaient, en réalité, ils préféraient regarder la télévision seuls dans leur mini-logement. Et puis, l'infirmière n'était pas si accessible finalement. Impossibilité de sortir l'hiver, l'immeuble étant loin d'une rue animée. Les visiteurs étaient rares : trop loin, trop compliqué de s'y rendre. Au bout de six mois, ma belle-mère était au bord de la dépression. Je l'ai aidée à retourner vivre dans son ancien quartier, où tous les jours elle pouvait aller chercher son pain à la boulangerie, sa viande chez le boucher, ses légumes à l'épicerie. Sortir, quoi ! Voir du monde. Pas juste des vieux ! Retrouver un quotidien composé de gens de tout âge. Elle me parlait de ses nouveaux jeunes voisins et surtout de son nouvel amour, une petite fille de quatre ans qu'elle gardait à l'occasion. La vie, pas le faux paradis… Amaigrie, déprimée dans sa résidence, elle est redevenue vivante, joyeuse.

Ma belle-mère m'a persuadée que nous avons besoin de jeunes autour de nous pour nous provoquer, nous secouer, nous apprendre des choses aussi. Les jeunes ont besoin de nous pour leur enseigner ce que c'était, la vie avant eux. Les échanges intergénérationnels sont indispensables au bien-être des personnes âgées.

Hélas, les vieux ne se plaignent jamais d'avoir fait un mauvais choix, influencé bien souvent par leurs enfants. Ils ont leur orgueil. Ils ont vendu leurs meubles, leur maison, où iraient-ils maintenant? D'après moi, ce genre de résidences très lucratif pour les propriétaires est un leurre pour les aînés. Il répond aux besoins physiques, mais ne répond pas aux besoins d'échange entre les générations.

Une solution!

Dans les pays scandinaves, on encourage les liens générationnels pour les aînés. Très souvent, leurs tours d'habitation sont conçues pour abriter des jeunes couples, des célibataires, des familles et des personnes âgées. Les doyens peuvent, s'ils le veulent, donner des cours selon leurs compétences ou garder les enfants ou aider aux devoirs en échange de tâches qu'ils ne peuvent plus faire. Les jeunes, quant à eux, s'entendent pour inclure les plus vieux dans leurs projets. Pas de ghetto! La mixité!

Eurêka! J'ai trouvé à Montréal, dans mon ancien quartier, un organisme sans but lucratif, les Tours Frontenac, qui accueille depuis plusieurs années mille deux cents résidents de tous les âges – familles, couples, célibataires, mères monoparentales, personnes âgées – dans sept cent quatre-vingt-quatre logements (de un et demie à sept et demie) à des prix raisonnables. Cinquante-six pour cent des locataires ont soixante-cinq ans et plus, et au moins cinquante personnes ont plus de quatre-vingt-dix ans. Le reste, ce sont des familles, des jeunes célibataires, des couples.

Intriguée, je m'y suis présentée, car je voulais voir si c'était possible qu'on possède à Montréal, en plein cœur de la ville, un tel joyau. J'ai vu, de mes yeux, à deux pas d'où j'ai grandi, les trois tours. J'ai vu le parc ombragé de grands arbres, la piscine, la grande terrasse, le jardin communautaire, la cuisine collective, la clinique, les salles de réception, la bibliothèque. Il y a même une chaîne de télévision et un journal internes pour les résidents. J'ai rencontré une des deux travailleuses sociales, un des deux gardiens de sécurité et quelques locataires faisant partie des cent trente bénévoles des Tours.

J'ai rencontré l'âme de ces tours d'habitation, Marie-Hélène Gauthier, une psychosociologue qui a pris avec ses frères et sa sœur la relève du fondateur de ce projet social sans but lucratif, Gérard Gauthier. Ici personne ne s'enrichit, tous sont au service des locataires. Chaque profit est réinvesti dans le projet social.

Les Tours, un quartier dans un quartier, ont leur centre commercial, leur épicerie, leurs bistrots. Même la renommée maison de la culture Frontenac et le non moins connu centre Jean-Claude-Malépart sont à deux pas. Des loisirs communautaires s'organisent autour des fêtes nationales et d'anniversaire.

Partage, entraide, mixité raciale, contacts variés, tout y est.

Le hic, c'est que les gens qui habitent les Tours Frontenac sont tellement heureux qu'ils ne déménagent pas souvent et que la liste d'attente est longue.

J'ai senti chez toutes les personnes rencontrées ce désir de rester dans la vie active.

On peut trouver des renseignements sur les Tours au www.toursfrontenac.com ou en téléphonant au 514 524-3015.

Je suis certaine qu'on s'épanouit mieux en étant entouré de personnes de tous âges et de toutes conditions, et je souhaite qu'on prenne exemple sur les Tours Frontenac pour offrir des solutions intéressantes aux retraités. C'est un modèle à imiter!

Ce que je veux, moi, c'est garder des contacts avec les jeunes pour me tenir au courant de la vie d'aujourd'hui. Je veux me rendre utile, pas juste à mon conjoint, à ma famille ou à tous ceux qui me suivent, mais à la société.

La carte de vieillesse

À soixante-cinq ans, j'ai reçu du gouvernement la carte de L'ÂGE D'OR m'annonçant en toutes lettres que j'étais vieille. Un coup de vieux ! On se croit jeune et un jour arrive par la poste la preuve écrite, plastifiée, qu'on ne l'est plus. Dur à prendre ! C'est comme lorsque j'ai appris que le père Noël, ce n'était pas vrai. Quelle déception !

La carte se trompe ; je n'ai pas l'âge de la posséder, c'est une méprise. Ce n'est pas parce que le gouvernement dit quelque chose que c'est vrai !

Au début, je ne me sers pas de ma réduction au cinéma, mais petit à petit je me console en me disant que, dans le mot « vieillesse », il y a le mot « vie ». Je veux la vie même abîmée, même en morceaux, parce que si je ne l'ai pas, je ne suis plus là pour profiter de tous les petits plaisirs. Et je ne veux pas me priver d'elle, pas encore. Je me raisonne. Et puis, je n'ai pas le choix : ou bien je suis vieille ou bien je suis morte ! Comme vieillir est la seule solution possible, alors autant l'accepter et en profiter. C'est ennuyeux, mais à ce jour, vieillir, c'est le seul moyen qu'on a trouvé pour vivre longtemps.

Je sais qu'il y a des vieux qui sont malades et pauvres, pour qui la vie est un fardeau et qui demandent tous les jours au bon Dieu de venir les chercher. Ce n'est pas mon cas. Depuis que j'ai été alitée durant un an dans un sanatorium et que j'ai cru y laisser mes vingt ans, j'aime vivre même si parfois je trouve les échecs et les peines difficiles à avaler. Je me dis alors que je suis chanceuse d'être vivante et d'avoir un amoureux, des enfants merveilleux, des petits-enfants attachants, des amis sincères, plein de gens qui m'aiment et me le disent. De plus, j'ai une passion, des passions, des projets. Je suis jeune ! Mon corps me ramène vite à la réalité. Mon cœur est jeune, mais mon corps, lui, vieillit. J'épaissis, je plisse comme une vieille pomme. Je ratatine. J'oublie le nom de mon amoureux. Je retourne quatre fois à la cuisine pour chercher ce que j'ai oublié.

— Qu'est-ce que je venais chercher, déjà ?

Mon arrière-petite-fille, Sacha, m'a déjà dit en tirant la peau de mes mains entre ses doigts :

— Mamie, regarde, ta peau se sépare de ton corps.

Alexie, sa grande sœur, elle, un jour s'est écriée :

— Mais, Mamie, t'arrêtes pas de vieillir !

Ma carcasse me lâche. Mes disques sont usés, ce qui me cause des douleurs intenses quand je marche ou tout simplement lorsque je me tiens debout. Ce n'est qu'assise que je suis bien et, moi qui déteste m'asseoir, qui ai toujours couru à gauche et à droite, je trouve pénible de ralentir. Mon père disait de moi : « Elle a les fesses qui lui brûlent sur une chaise. »

Un jour que je tournais le film *Big Red*, de Walt Disney, l'acteur Walter Pidgeon m'a demandé, en me voyant courir dès que le réalisateur prononçait mon nom :

— *Why are you running all the time ?*

Je lui ai répondu en souriant :

— *Because I am a fast girl !*

Je ne savais pas à l'époque que *fast girl* voulait dire fille facile. Il a ri et je n'ai pas compris pourquoi.

J'étais d'une telle naïveté. Je le suis encore.

Finalement, aujourd'hui, même si je n'accepte pas l'appellation « âge d'or », je me sers de la carte de vieillesse comme d'un passeport pour accéder à des plaisirs. N'empêche, chaque fois que je l'utilise, ça me rappelle que je fais partie d'une communauté de vieilles personnes en route vers la mort.

Heureusement, cette pensée est fugace, je serre la main de mon chum.

En tout cas, je ne suis pas trop vieille pour aimer.

Ce que mon père m'a légué

Mon père, qui a vécu toute sa vie avec une femme malade et renfermée sur elle-même, n'a jamais été triste ni de mauvaise humeur. Il était doué pour le bonheur. Comme lui, je vois toujours le bon côté des gens et des choses. Comme lui, je ne prévois pas les coups bas. Je fais confiance. Comme lui, je n'ai aucun sens de la stratégie. Je suis spontanée. Je ne comprends les choses qu'au premier degré. Je suis toujours surprise qu'on me manipule ou qu'on me mente. La plupart du temps, je m'en aperçois trop tard. Oui, ça fait que je m'embarque dans des aventures qui tournent mal, mais j'assume. Je suis attachée à ma liberté, même si je ne crois pas qu'on puisse devenir libre totalement. Papa disait : « On est toujours dépendant de quelqu'un ou de quelque chose. » Moi, je crois qu'un couple heureux est un couple de codépendants affectifs. J'ai besoin de Donald et il a besoin de moi. Les gens qui se targuent d'indépendance complète se dupent eux-mêmes. Un ami se vantait de n'avoir besoin de personne ni de rien pour vivre. Or il était dépendant du tabac et de l'alcool.

Comme mon père, je m'adapte bien aux changements. Je suis flexible et curieuse des autres. J'ai un vif désir d'apprendre. Je plonge tête première dans de nombreux projets. La vie pour moi est une belle aventure. Je prends des risques et je ne déprime pas longtemps lors d'un échec. Je suis une travaillante. Le travail m'épanouit, me valorise et je ne vois pas pourquoi j'arrêterais de faire ce qui me tient vivante sous prétexte que j'ai l'âge de la retraite.

La fameuse retraite ! Papa avait horreur de ce mot-là. Il a travaillé jusqu'à l'âge de quatre-vingts ans et ce n'est pas de son plein gré qu'il s'est arrêté. Papa est né trop tôt. S'il vivait aujourd'hui, peut-être continuerait-il à travailler à temps partiel ou changerait-il tout simplement de travail pour commencer une nouvelle carrière.

La retraite dorée faite de loisirs, de voyages telle que proposée par la publicité, très peu pour lui. Pour accéder à cette retraite-là, il fallait avoir des réserves d'argent, des héritages. Papa n'avait pas ces moyens-là. La majorité des retraités d'aujourd'hui n'auront pas les moyens non plus. Chose certaine, il faut planifier sa retraite pour vivre toutes ces années sereinement.

Je crois comme papa que, ce qui valorise le plus l'être humain, c'est le travail. Il y en a qui ne sont pas de mon avis. Je vous donne le mien très humblement et c'est le fruit d'une longue expérience, mais vous n'êtes pas obligé de penser comme moi.

Quand j'ai eu quatre-vingts ans

Mes quatre-vingts ans ont sonné comme un glas. J'ai paniqué. Quatre-vingts ans, on ne rit pas. Dix ans de plus et c'est quatre-vingt-dix ! Et ça, c'est vieux ! Le matin de ma fête, j'ai dû verser une larme, me regarder dans le miroir, me trouver vieille, me demander comment mon conjoint pouvait encore vivre avec moi, une petite vieille de quatre-vingts ! J'étais « passée date » ! Je me suis réduit le moral en purée – je suis capable de tomber en bas de mon estime en un temps record –, et puis je me suis lovée dans les bras de Donald et j'ai déversé ma déprime sur lui. À son habitude, il n'a pas bronché, m'a écoutée, m'a serrée fort et m'a dit « Je t'aime », et bang, j'ai rebondi. Je suis une « rebondisseuse » de haut niveau. S'il existait une catégorie « résilience » aux Olympiques, j'aurais une médaille d'or. À condition évidemment d'avoir quelqu'un qui me tend la main pour me sortir du trou de la déprime. Et quand je rebondis, c'est toujours plus haut.

Ce jour-là, je me souviens, je l'ai passé à manger de la tire d'érable à la cabane à sucre où Donald rassemble notre famille et nos proches amis chaque année. Au retour, je me suis promis de profiter de cette année-là, de ne pas la gaspiller en plaintes et gémissements. « C'est faite ! C'est faite ! » comme répétait mon père. Et puis le lendemain la vie a continué. Je ne me sentais pas différente, j'étais marquée d'un chiffre, d'un gros chiffre, mais ce n'était qu'un chiffre. Moi, en dedans, je n'ai pas de chiffre… que de l'amour.

Le Bien des miens

Carole Levert, l'éditrice de mon autobiographie, m'a dit quelques semaines avant de mourir qu'il fallait que j'écrive un roman, que je possédais l'art de structurer une histoire. Je me souviens de lui avoir répondu en riant :

— Je suis les cours que je donne.

Depuis des années, j'enseigne à l'Inis comment écrire une histoire pour la télévision, mais je n'avais jamais songé à écrire un roman. Des téléromans ou des séries dramatiques, oui, mais des vrais romans comme ma grande Colette écrivait, je n'oserais pas ! Je ne suis bonne que pour la télévision. La preuve, mon scénario de film n'a pas été accepté. Johanne Guay, l'éditrice en chef de la maison d'édition qui me publie, Libre Expression, m'encourage. Je rebondis, relis mon scénario de film refusé et décide d'en faire un roman. Je dis à mes étudiants que, ce qui compte en littérature comme au cinéma, comme à la télé, c'est une bonne histoire, et j'en ai une en main... j'espère. Ce mélange de doute et d'assurance, c'est tout moi. Qu'une seule personne me fasse confiance et je saute dans le vide. Qu'une seule personne me dénigre et mon premier réflexe est de penser qu'elle a raison.

Un an et demi plus tard, *Le Bien des miens* sort en librairie et c'est un succès. Je n'ai pas le temps de me gonfler la poitrine d'orgueil que le milieu littéraire me fait sentir que je n'appartiens pas au club sélect des Écrivains avec un grand É. Je demande à une critique littéraire que j'admire :

— Mais alors, je suis quoi si je ne suis pas écrivaine ?
— Tu es... une raconteuse d'histoires.

Une écrivaine, une vraie et pure, celle-là, m'apostrophe un autre jour :

— On sait bien, vous êtes populaire, ça fait vendre des livres.

Comme si c'était une tare d'être populaire.

Dans le fond, je sais que c'est injuste que je sois connue, mais qu'est-ce que j'y peux ? Je ne vais pas me sentir coupable d'avoir au cours d'une longue carrière comme auteure à la télévision atteint une certaine renommée. Ce n'est pas moi qui ai fait ma « popularité », ce sont ceux et celles qui se reconnaissent en moi et qui me suivent, mon public. Je ne me ferai sûrement pas de mauvais sang. J'essaie de me guérir de ce sentiment dévastateur et si féminin, la culpabilité.

Je comprends maintenant pourquoi j'ai donné les redevances du livre à mes enfants et petits-enfants : cet argent me brûlait les doigts comme si je n'y avais pas droit, comme si je l'avais volé aux vrais écrivains. Je ne suis peut-être pas un écrivain, mais je suis parmi les quelques femmes du Québec qui gagnent leur vie en écrivant.

Le Cocon

Le succès populaire de mon roman m'incite à en écrire un autre.

— Mais vous en avez, de l'inspiration.

Moi, l'inspiration, je n'y crois pas. Je crois en mon sens de l'observation et en ma mémoire. Prenons *Le Cocon*, mon deuxième roman. C'est l'histoire d'un homme qui, après la disparition de sa femme et de ses filles dans un tsunami, cherche à se suicider, mais n'y arrive pas.

— Où avez-vous pris cette idée-là?

Je pourrais vous répondre que je l'ai inventée de toutes pièces, mais ce serait mentir. C'est dans ma mémoire que j'ai puisé cette histoire. Il y a très longtemps, mon amie Isabelle m'avait raconté que son beau-frère avait été emporté par une vague géante à Cancún. Je me suis attardée au désespoir de sa femme, qui ne voulait pas survivre à son mari. De plus, comme j'ai été écoutante à Tel-Aide toute une année, je connais bien ce que peut vivre une personne désespérée qui veut se suicider. Je suis partie d'une anecdote enfouie dans ma mémoire et de mon sens de l'observation pour « inventer » cette histoire. Il ne me restait qu'à trouver ce que je voulais prouver : l'idée maîtresse. Sans cela, l'histoire qui n'a pas de but n'avance pas, tourne en rond. Un auteur doit avoir quelque chose à dire, à communiquer, à prouver. J'ai voulu démontrer que, pour sauver quelqu'un du suicide, il s'agit parfois de l'aider à se rendre utile, nécessaire aux autres. J'avais mon histoire, il me restait à « inventer » mes personnages à partir de gens que j'ai connus. Un trait de caractère de l'un et de l'autre. Un personnage est une sculpture. Ce n'est pas la copie d'une personne que l'on connaît, c'est un amalgame de portraits de gens qu'on a connus ou observés. On les sculpte à partir de matériaux pris surtout dans sa mémoire.

Je crois qu'on n'invente pas grand-chose quand on écrit. On ne fait que puiser dans son disque dur où tout est enregistré depuis la naissance.

— Pourquoi faut-il toujours que vous passiez des messages dans vos écrits ?

Parce que je me suis juré à la sortie de mon école primaire, alors que j'étais parmi les quelques élèves qui continuaient leurs études, d'apprendre et de transmettre mon savoir à celles qui n'avaient pas la chance d'étudier. Naïveté ? Orgueil ? Je me sentais l'âme d'un professeur. Le public avide de découvertes m'apprécie pour les messages que je sème ici et là. Enfin, j'espère.

— Oui, mais les messages, c'est fatigant.

Tout ce qu'on dit, tout ce qu'on écrit est un message. Même ceux qui m'assurent qu'ils n'en passent pas le font souvent sans s'en rendre compte. J'écris pour susciter une discussion, pour partager ce que j'apprends.

Donc j'écris *Le Cocon*. Un deuxième roman est plus difficile à faire parce qu'il est plus sévèrement jugé par le public lecteur. Souvent, au premier roman, on a dit tout ce qu'on voulait dire et, après avoir vidé son sac, il n'y a rien d'autre à écrire. Je passe le test avec succès.

J'aime créer des personnages, les faire vivre. J'écris pour être lue, pour communiquer. On m'interpelle dans un salon du livre :

— Vous n'aviez pas assez de nous éduquer à la télévision, faut que vous écriviez des livres, astheure.

Je reprends mon refrain. Je crois à la transmission du savoir. J'ai l'impression d'avoir appris de la vie et je veux partager ce que je sais.

— On n'apprend jamais rien des autres.

Moi, j'ai tout appris des autres. Les livres m'ont instruite, déniaisée et n'arrêtent pas de me faire comprendre la vie.

Bang ! Le cancer !

J'ai quatre-vingt-deux ans et tout va bien. Mon chum m'aime et je l'aime. On soigne notre relation, la cajole. Malgré des petits heurts ici et là, des bagatelles, on est heureux. Notre relation est notre priorité. Mes enfants vont bien, mes petits-enfants me comblent de joie. Et en plus, j'ai deux arrière-petites-filles, des cerises sur mon sundae. Je n'ai jamais été aussi calme et sereine. Moi qui étais une excitée des sœurs, dixit mes frères, me voilà sur le tard douce et tranquille. Je ris moins souvent, mais je souris tout le temps. Ma santé est bonne. J'ai une forte constitution. J'ai bien le dos quelque peu usé, mais ça ne m'empêche pas d'être active.

Toujours que… Cet hiver-là, je reviens de la Martinique où, depuis quelques années, je vais réchauffer mes vieux os, loin de Montréal la froide, et où je suis plus tranquille pour écrire. Au retour, donc fin février, je reprends la vie urbaine avec le théâtre, le cinéma, les soupers au restaurant avec des amis. Des cours intensifs m'attendent à l'Inis.

— Mon amour, tu as tes examens de routine, poumons, seins, tu devrais…

Donald prend rendez-vous et m'emmène au centre de radiographie. D'abord les poumons. Tout est beau! Ma cicatrice de la tuberculose n'a pas bougé. Tout est parfait. Reste les seins. Je passe une mammographie chaque année depuis l'âge de cinquante ans et il n'y a jamais eu de problème. Pas de cancer du sein dans ma famille, sauf une tante que je ne fréquentais pas. Je ne m'inquiète pas, elle est morte quand j'étais petite fille. Dans le temps, mon père m'avait dit qu'elle était tombée dans la cave sur le sein et qu'elle en était morte. Le cancer, moi, je n'y pense jamais; le cancer, ce n'est pas pour moi. L'après-midi de ma mammo, je quitte mes étudiants plus tôt pour me présenter à mon rendez-vous. Je blague avec la technicienne. Après la radiographie, j'attends dans le corridor, comme chaque fois, pour savoir si la radiographie est assez claire ou si on doit recommencer.

Le radiologue sort de son bureau.

— J'ai vu quelque chose… Il faut investiguer…

Il prend rendez-vous pour moi directement avec la clinique du sein de l'hôpital l'Hôtel-Dieu.

Je rejoins Donald qui m'attend dans l'auto. J'ai une feuille à la main. Je ne suis pas inquiète. Depuis ma tuberculose, j'ai comme principe de ne pas m'inquiéter à l'avance des malheurs qui n'arriveront peut-être jamais.

La semaine suivante, à la clinique du sein de l'Hôtel-Dieu, re-mammographie et autres tests. J'attends les résultats sans paniquer dans le corridor. Je ne me fais pas de souci, je suis persuadée que je suis trop vieille pour avoir un cancer, et de toute façon je crois dur comme fer que je ne suis pas du genre à en avoir un. En plus, j'ai l'impression que si j'avais un cancer j'aurais mal aux seins. Pas de douleur, pas de cancer! Je lis tranquillement.

Le verdict tombe. Je dois voir un chirurgien-oncologue dans les semaines qui suivent. La radiologiste me suggère le Dr Younan. Un médecin chinois ou un autre, ça m'est tout à fait égal. Les semaines à attendre la rencontre du chirurgien-oncologue sont longues comme des jours sans sucre. Comme j'ai l'habitude de bâtir des scénarios, je ne m'en prive pas. Pas question d'arrêter de donner mes cours. Je tais mon état aux étudiants. Enfin, je reçois un mot de la clinique du sein : j'ai un rendez-vous avec le Dr Younan.

Donald m'accompagne. J'ai demandé à Sylvie, ma nièce qui sort d'une récidive de cancer du sein, de venir aussi. Surprise! Le chirurgien-oncologue n'est pas asiatique, mais libanais. Il ignore qui est Janette Bertrand. Dans son bureau, je deviens une toute petite fille qui ne veut pas déplaire au bon docteur qui a pouvoir de vie ou de mort sur elle.

— J'ai une bonne et une mauvaise nouvelle à vous annoncer. La mauvaise, vous avez un cancer, la bonne, c'est qu'il est du stade un et qu'on va vous l'enlever.

Il continue à parler. J'ai l'air d'écouter, mais mon cerveau est bouché. Les paroles du docteur n'y pénètrent pas. Comme si, pour me protéger, mes neurones refusaient de fonctionner et me hurlaient : « N'écoute pas ça ! »

Je sors du rendez-vous comme un zombie. Arrivée au parking, je m'assois dans l'auto puis me tourne vers Donald.

— Qu'est-ce qu'il a dit ?

C'est Sylvie, ma bonne fée, qui me répète les paroles du docteur mot à mot.

Pendant tout le trajet, je vais lui faire répéter ce qu'il a dit. Mon cerveau refuse de comprendre. À la maison, une peine immense m'envahit. La mort me fait signe.

Je sais enfin de quoi je vais mourir !

Je suis soulagée ; c'est l'inconnu qui fait peur. Je suis triste pendant quelques jours, mais comme j'ai un *spring* dans le derrière, je me mets en mode solution.

— Je veux vivre ! Même si je suis vieille, je veux vivre. Je vais tout faire pour guérir.

Je ne sais pas encore qu'un cancer c'est une maladie chronique. On ne guérit pas, on est en rémission.

Je cherche sur Internet des preuves qu'on peut survivre au cancer du sein. Je trouve ce que je veux trouver sur le site de la Fondation canadienne du cancer du sein : quatre-vingt-huit pour cent des femmes survivent cinq ans ou plus à leur cancer du sein[*]. Je m'accroche à ce chiffre comme à une bouée de sauvetage. Moi, je vais être dans les quatre-vingt-huit pour cent.

---

[*] www.cbcf.org/fr-fr/central/AboutBreastCancerMain/FactsStats/Pages/Breast-Cancer-Canada.aspx

Suit une série de tests pour vérifier si des métastases ne se cachent pas dans d'autres organes. Cette attente d'environ six semaines m'est pénible. Six semaines à me fabriquer des scénarios tragiques et à reprendre espoir et à douter encore. Quand j'apprends la nouvelle à mes enfants et petits-enfants, ils ont le réflexe qu'ils ont toujours eu.

— Toi, tu vas t'en sortir ! T'es forte !

Ils sont tellement persuadés que je vais m'en sortir que, sur le coup, ça me choque. Je voudrais quoi ? Qu'ils me plaignent ? Je ne suis pas une victime. Mais alors, je veux quoi ? Être entendue, accueillie. J'ai beau leur dire que je ne suis pas aussi forte qu'ils le pensent, ils ne me croient pas.

Je comprends leur malaise. Moi-même, quand j'apprends qu'une amie ou une connaissance a un cancer, je ne sais pas quoi lui dire. Que dire ? Que faire ? Alors maintenant j'en parle le moins possible. Quand les petits-enfants demandent de mes nouvelles, je vais toujours bien. J'ai remarqué qu'on ne pouvait parler de son cancer qu'à ceux qui l'ont ou l'ont déjà eu ; les autres ne nous écoutent pas et nous fuient comme si ça s'attrapait. Je suis convaincue qu'on fuit les gens malades comme on fuit les vieux, parce qu'ils nous font penser qu'un jour ça pourrait nous arriver. L'effet du miroir décevant.

Le jour où je reçois par la poste la date de l'opération, ma fille Dominique, mon aînée, rentre de Madagascar. Elle vient me voir pour me raconter son voyage. Je craque en lui apprenant que je me fais opérer pour un cancer du sein.

— Pourquoi tu ne me l'as pas dit ?

— Parce que ça ne servait à rien de gâcher ton voyage.

Je lui rappelle son rendez-vous annuel de mammo. Il faut se faire dépister... Elle a déjà son rendez-vous.

Les jours suivants, elle apprendra qu'elle aussi a un cancer du sein, plus virulent que le mien. Mère et fille dans le même bain. Et ce n'est pas génétique dans notre cas. C'est une coïncidence. Mon Isabelle qui n'est jamais malade, et Martin, un costaud en santé, vont avec tendresse et délicatesse m'appuyer de leur amour.

Il n'y a rien à dire à une femme qui a un cancer. Il faut juste l'aimer, l'écouter. Les paroles des proches sont superflues et souvent maladroites. Seul l'amour est bienfaisant. Quant aux connaissances... Il y a toujours quelqu'un pour me raconter le cancer d'une sœur, d'une mère ou d'une cousine qui... en est morte! Encourageant! Je me souviens du matin de l'intervention, dans la chambre, quand je suis partie en lit à roulettes vers la salle d'opération, mes enfants m'entouraient. Donald pleurait. Pas de mots, juste de l'amour.

Je sens depuis longtemps l'amitié sinon l'amour du public, d'un certain public en tout cas. C'est à ces personnes que je pense quand j'écris. Par respect pour elles, je ne voulais pas qu'elles apprennent ma maladie de façon brutale et fausse par des journaux ou magazines plus soucieux du gros titre que de la vérité. Alors j'ai caché ma maladie et attendu le bon moment pour avouer mon cancer. Ce qui n'a pas été facile pour moi qui suis transparente et sans filtre.

À mon retour à la maison, le jour même de l'opération, le sein comme un bidon de lait de deux litres (en marchant, j'entends le glouglou du liquide qui protège les cicatrices intérieures), je reprends vie. Je ne suis pas morte sur la table d'opération comme mon frère Marcel! La tumeur maligne est partie et je fais bonne figure pour ne pas apeurer Dominique qui doit se faire opérer, elle, le mois suivant. Ma fille est en colère d'avoir un cancer. Je ne comprends pas sa colère. Elle ne comprend pas mon optimisme. Ce sera le sujet d'une mésentente qui heureusement ne durera pas.

Par la suite, je continue d'enseigner et c'est là seulement que je révèle la vérité à mes étudiants en leur demandant la confidentialité. Avec le recul, je crois que le fait d'enseigner pendant que je traversais ce malheur m'a peut-être fatiguée physiquement, mais m'a permis d'oublier mon angoisse et mes douleurs.

Quand les vieux vivent jusqu'à cent ans et plus

Les vieux vivent de plus en plus longtemps. Il y a cinquante ans, on était vieux à soixante ans et sur le point de mourir. Grâce à la médecine moderne, il y a au Québec actuellement plus de mille huit cents centenaires, selon la revue *L'Actualité* de janvier 2016. J'ai dans ma lointaine parenté une religieuse qui a cent sept ans. On dit qu'un enfant qui naît aujourd'hui a des chances de vivre jusqu'à cent trente ans. Les gouvernements s'occupent assez bien de nous, du point de vue médical, mais qui s'occupe de notre bonheur, qui s'inquiète de nos nombreuses pertes : vitalité, prestige, mémoire, dents, cheveux ? Qui s'occupe de notre perte de libido, de nos capacités cognitives, de notre isolement ?

La population est vieillissante. C'est un fait !

Mais qu'est-ce qu'on va faire avec toutes ces personnes inactives ? On ne peut pas toutes les entasser dans des enclos comme des poulets à barbecue !

Alors, que faire des vieux, cette engeance qui déferle sur le Québec ? Comment intéresser la société à une génération qui ne sert plus à rien ?

On ne sert plus à rien en effet ! Qui nous demande notre avis ? Qui nous demande des conseils, et surtout, qui les suit, ces conseils ? Dans ce pays, les vieux n'ont aucune crédibilité. Si par hasard j'émets une idée politique, faut entendre les commentaires !

— À son âge, on sait bien, elle a des comptes à régler. Qu'est-ce qu'elle connaît aux jeunes ?

Je répondrai ceci : la personne âgée a déjà été jeune, elle sait des choses que les jeunes ne peuvent pas savoir. Les jeunes, eux, n'ont jamais été vieux, ils ont tout à apprendre de leurs aînés.

Passera-t-on du siècle de la jeunesse au siècle de la vieillesse ?

Les générations

Les enfants naissent, les vieux meurent...

Je me pose la question : et si les enfants ne naissaient que pour corriger les erreurs de leurs parents ?

Il m'apparaît que chaque nouvelle génération, en tentant de réparer les gaffes de la précédente, se construit contre la précédente. Elle se croit plus intelligente, plus inventive. Elle connaît, elle, la recette du bonheur, la meilleure façon de vivre. Elle ne fera certainement pas les erreurs des parents. Je me souviens de mon père qui se vantait d'être de la génération des inventions : le téléphone, l'avion, la radio, la lessiveuse électrique, le réfrigérateur, le gramophone et j'en passe. Il avait raison, chaque génération a sa part de nouveautés, mais il n'y en a pas une meilleure que l'autre. Elles sont différentes, c'est tout.

Moi, je suis de la génération 1925-1942, dite silencieuse : les hommes dominants, les femmes dominées, silencieuses devant l'homme, les hommes silencieux devant la religion. Soumis aux lois et à l'ordre. L'homme pourvoyeur, la femme gardienne du foyer ; aucun droit, aucune voix politique, ni juridique donc, le patriarcat. Évidemment, les femmes n'étant pas des nouilles, elles ont pris le seul pouvoir qui leur était alloué, celui de la famille. Quand le médecin demande la permission du mari pour opérer sa femme, quand la banque exige la signature de monsieur pour que madame puisse ouvrir un compte, on est dans une société patriarcale. Ma génération a été marquée par une guerre, d'où notre acharnement au travail, notre sens du devoir.

Les silencieuses, dont je suis issue, étaient confinées dans la religion, elles respectaient l'autorité. Le travail était la valeur la plus importante. Pour un homme, la qualité première d'un bon candidat au mariage était d'être travaillant. Les couples avaient de nombreux enfants, qu'ils dressaient. Obéis et tais-toi ! Il était de bon ton de se sacrifier pour ses enfants, mais aussi d'obliger sa fille célibataire à aller se cacher dans un coin reculé pour accoucher. Le qu'en-dira-t-on était important. Les parents se saignaient à blanc, expression de mon temps, pour faire instruire leurs garçons, mais les envoyaient étudier dans des pensionnats infects au loin. Les filles, elles, n'avaient pas besoin de se faire instruire puisqu'elles étaient destinées à changer les couches de leurs nombreux bébés, et de toute façon, les pères de famille étaient persuadés que seuls leurs fils avaient l'intelligence qu'il fallait pour faire de longues études.

Quand j'entends des vieux dire en soupirant « C'était le bon temps ! », je bondis. C'était la grande noirceur et j'ai fait tout ce que je pouvais pour ouvrir une petite, une toute petite fenêtre pour y voir clair. Un peu !

Les intervalles d'âge de chacune des générations peuvent varier légèrement selon les différentes sources, mais les particularités de chacune d'elles sont les mêmes.

La génération des baby-boomers (1945-1960) est celle des optimistes. Après des années de guerre, l'avenir s'ouvre devant eux. Ce sont des idéalistes. Ils vont changer le monde. Selon eux, il n'y aura plus de guerre. Ils sont de l'époque du rock'n'roll, du *peace and love* et du boom de naissance, d'où le nom. Ils ont un grand besoin de liberté. Ils sont ambitieux, compétitifs et se rebellent contre l'ordre établi et la religion. Ils se permettent de critiquer toute autorité. Ils manifestent pour faire avancer leurs idées. Ils profitent de la société de consommation tout en la méprisant. Parce qu'ils ont réussi à réguler les naissances, ils pensent qu'ils peuvent contrôler la vieillesse et la mort. Ils refusent la vieillesse.

La génération X (1961 à 1978) ne fait confiance à personne. Elle est cynique, solitaire, anxieuse. Cette génération voit apparaître les ordinateurs, les disques compacts, les baladeurs, les cellulaires, les réseaux sociaux et le divorce à volonté.
C'est la première génération qui a une conscience planétaire. Les baby-boomers ont inventé des moyens

contraceptifs efficaces, les X inventent des moyens pour combattre l'infertilité. Ils ont de la difficulté à se trouver du travail.

Ils ne se marient pas, ils préfèrent la cohabitation et inventent les enfants-rois. La majorité des femmes travaillent.

Les jeunes nés entre 1978 et 1994 sont de la génération Y. Avec eux, il y a un retour à la famille, à l'amitié, à la sévérité vis-à-vis des enfants. Ils ont une conscience environnementale et acceptent mal les échecs. Ils veulent faire les choses à leur façon, à leur rythme. Ils ont une vision tout à fait nouvelle du travail et de l'argent. Ils acceptent les ordres à condition qu'ils soient accompagnés d'explications valables. Tout leur est dû naturellement. Ils cherchent le plaisir avant tout. Il faut que tout soit excitant, amusant, enrichissant, tout le temps. Leur premier souci n'est pas de faire de l'argent, mais de s'amuser en faisant de l'argent. Ils sont centrés sur le moment présent et ne s'inquiètent pas de l'avenir. Leurs parents leur ont souvent répété qu'ils sont intelligents et beaux, qu'ils auront le monde à leurs pieds, alors ils attendent le bonheur sur mesure, leur mesure. Souvent issus de parents séparés, ils sont très « famille » et ont plus d'enfants que la génération précédente, qu'ils ne traiteront pas comme des enfants-rois. Ils aiment travailler en équipe et n'ont pas l'ambition d'être riches, mais d'être heureux. Ils ne vivent pas pour travailler, mais travaillent pour vivre. Les Y sont pessimistes quant au sort de la planète, c'est pourquoi le plaisir passe avant tout. Les X ont découvert la paternité, les Y, eux, découvrent l'égalité dans le couple. Ils se rebellent face à l'autorité. Ils ont une ouverture sur le monde, voyagent en Asie, en Afrique. Ils se cherchent des mentors plutôt que des patrons. Ce sera la génération du travail de la maison.

Les Z sont nés après 1995. Il est encore trop tôt pour que les sociologues les analysent, mais il est certain qu'ils ont la technologie dans le sang. Certains sociologues cependant prévoient un retour du balancier. Cette génération serait comme la mienne. Ah non !

Je compte sur les baby-boomers pour prendre en main leur longue retraite et créer des emplois, des loisirs, des façons nouvelles de vivre qui leur laisseront l'occasion de développer les talents qu'ils n'ont pas encore exploités.

Les baby-boomers ne voudront pas terminer leur vie isolés du reste de la famille et des amis, comme des rejets de la société.

Les baby-boomers féminines ont déjà pris leur retraite ou sont sur le point de la prendre et il semble qu'elles s'adaptent mieux à la retraite que les hommes.

À défaut de statistiques récentes, mes différentes lectures semblent démontrer que le taux de suicide chez les hommes retraités est beaucoup plus élevé que celui des femmes[*]. Pas étonnant, les hommes se sont toujours définis par le travail, et l'arrêt est catastrophique pour eux. Les experts expliquent le suicide des personnes âgées comme l'aboutissement d'une suite de

---

[*] *Le Bel Âge*, 16 octobre 2015. www.lebelage.ca/sante-et-mieux-etre/traitement-et-prevention/la-depression-en-vieillissant-normal?page=all

pertes : perte de l'emploi, d'un conjoint, perte physique. Le mépris de soi remplace l'estime de soi. S'installe alors un sentiment de passivité, d'impuissance, d'ennui[*].

Entendu de retraités :

— Les jours n'ont ni commencement ni fin. Pas de rendez-vous, pas d'échanges, de renseignements, d'informations, de blagues entre collègues. Plus de visites amicales, plus de ces petits commérages pour pimenter la vie de travail. Rien, rien qu'attendre la mort.

— Je vis en dehors de la société. J'ai perdu ma place au soleil.

— Rien faire, ça magane bien plus que les maladies.

— Ne plus être considéré comme semblable aux autres, il n'y a rien de pire.

— À quoi je sers, veux-tu me le dire ?

— Je me sens comme un handicapé... de la vie.

— Au moins, si on me demandait de transmettre mon savoir aux plus jeunes.

— Personne ne veut de moi.

— Si je parle de mon passé, je radote. Si je parle de mon avenir, je fais rire.

— Les jeunes qui nous poussent dans le dos, nous poussent vers la mort.

J'entends pourtant :

— Je n'ai jamais été aussi occupé que depuis que je suis à la retraite.

---

[*] Table régionale de concertation des aînéEs du Centre-du-Québec, août 2011. http://aines.centre-du-quebec.qc.ca/wp-content/uploads/2012/01/documentspecificiteaineshommesfemmes1.pdf

— J'ai du temps, enfin !
Mais aussi :
— J'ai du temps, je sais pas quoi faire avec.

Il semble donc que l'être humain, toutes générations confondues, a besoin d'être occupé et valorisé jusqu'à la mort.

J'espère vivre assez longtemps pour connaître la solution des baby-boomers à ce problème existentiel.

Le cancer (suite)

Le mois de juin suivant mon opération est consacré à des séances de radiothérapie, cinq jours par semaine pendant vingt et un jours. Chaque jour, je me présente à l'hôpital Notre-Dame pour subir des radiations. Je ne pose pas de questions, je ne rouspète pas, j'obéis. Mes seins, dont j'ai été longtemps si fière, sont manipulés comme des porteurs d'une maladie mortelle. J'ai une image qui surgit dans ma tête : un horrible crabe me ronge le sein. Je la chasse ! Je n'ai plus aucune pudeur, mes seins sont carrelés d'encre rouge et radiés selon un plan défini. Moi si curieuse, je ne demande rien aux techniciens. Je fais confiance à la médecine. À la fin du mois de juin, je pars enfin pour le lac, mon oasis. Je n'ai plus d'énergie. Je me lève tard le matin, fais une sieste à onze heures, une autre à deux heures, et je dors dix heures par nuit. Je ne me reconnais pas ; je n'ai jamais aimé dormir, pour moi, c'est du temps gaspillé. Je ne dors habituellement que six heures par nuit et, si je fais une sieste, je me sens coupable de ne pas vivre ce temps qui m'est alloué. Je relis mes livres sur le cancer. Je consulte Internet. C'est normal que je sois épuisée, paraît-il. Tous les traitements contre le cancer ont des effets secondaires personnalisés. Je passe l'été à me traîner d'une berceuse à l'autre. Moi si gourmande, je n'ai plus faim. Donald prend la cuisine en main. Je ne l'aide même pas. Pas la force.

En septembre, je recommence à enseigner à l'Inis et petit à petit mes forces reviennent et je retrouve celle que j'étais, pétillante, vite sur ses patins. Je suis quand même triste, car je sais qu'il peut y avoir une récidive, d'autres cellules cancéreuses dans le sein ou ailleurs peuvent se mettre à proliférer. Je m'efforce de ne pas y penser. Je pourrais me plaindre, me réfugier dans une victimisation douillette. Je suis au contraire reconnaissante à la vie de me laisser encore quelques années.

Le Dr André Robidoux, chercheur reconnu mondialement, et chirurgien-oncologue de Dominique, nous demande de participer à une grande campagne de prévention du cancer. Ce sera l'occasion pour moi d'annoncer la nouvelle au public, qui n'en revient pas. Pas elle !

Le bonheur

Je sais, je sais, le bonheur est un sujet usé à la corde, vanté, chanté, ridiculisé depuis des siècles. Un sujet quétaine. N'empêche, chaque individu en naissant cherche le bonheur. Comme je crois savoir où il se niche, au lieu de garder ce secret pour moi, je veux le partager avec le plus de personnes possible. Je veux dire au monde entier que le bonheur se cache dans les petits plaisirs quotidiens, qu'il faut les reconnaître quand ils passent, les saisir et les savourer pendant qu'on est vivant. C'est un choix de tous les moments. Choisir de voir les beaux côtés des gens. On doit se forcer à ouvrir les yeux pour voir de la joie là où elle se trouve.

Partager ce que je sais sur le bonheur est devenu ma raison de vivre, mon but, surtout depuis que le cancer a attenté à ma vie. Avec André Monette, producteur et mon ami de toujours, je rencontre Dominique

Chaloult à la section variété de Radio-Canada pour lui soumettre une idée d'émission sur le bonheur. Je lui propose d'aller voir chez elles des personnalités connues et de leur faire partager avec le public ce qui leur apporte du plaisir, de la joie.

C'est une première. Jamais auparavant des vedettes adulées du public n'ont ouvert la porte de leur foyer à une équipe de télévision. Je téléphone moi-même aux célébrités et elles acceptent toutes, ou presque, ma venue dans leur demeure : Guy A. Lepage, Marc Labrèche, Janine Sutto, Michaëlle Jean, alors gouverneure générale du Canada, et tant d'autres me reçoivent à bras ouverts chez eux. Je me rendrai pendant deux saisons chez vingt-deux personnalités qui me confieront comment elles arrivent à être heureuses.

Il n'est pas question de grands bonheurs, mais des petits plaisirs de la vie que tout un chacun peut s'offrir, comme regarder des nuages en plumes qui passent au-dessus de nos têtes, déguster l'été un verre de limonade faite avec des citrons fraîchement pressés, trouver une mini-orange dans une orange. On parle du plaisir d'avoir un rabais, de profiter d'une vente. Pas les plaisirs qu'apporte la loterie, mais ceux qui sont à la portée de toutes les bourses : une bonne frite croustillante, un cornet de crème glacée, le bonheur quand la douleur cesse, un coucher de soleil...

« Ça fait mal, le mal de ventre, mais on est-tu bien quand ça arrête ? » C'était l'exemple que mon père me donnait, quand il m'expliquait que le bonheur est fait de petits moments de plaisir. C'est lui qui m'a montré à reconnaître les petites joies quotidiennes pour les savourer : manger la nuit, boire à même la bouteille de jus, lécher la cuillère en bois qui a servi à brasser le glaçage du gâteau, dévorer une barre de chocolat en cachette, se vautrer dans la couette de plume, prendre toute la place quand on couche seul. Sans oublier le plaisir de s'endormir à deux, un pied touchant le pied de l'autre. Boire de l'eau quand on a soif. Lire au lit jusqu'à l'endormissement. Le plaisir de se bercer. Les délices du fauteuil moelleux, les plaisirs de la zappette, du feu dans la cheminée, du quartier où on habite. Les recettes de grands-mères. Les surprises des albums de photographies, des ventes de garage, des marchés aux puces. Et les plaisirs de la chair… Pas le grand, les petits, tout petits qui mènent au grand… La douceur de la peau derrière l'oreille, l'odeur des cheveux, le mou de l'entrecuisse. L'odeur des oignons frits, d'un mijoté, l'odeur laiteuse d'un bébé, le plaisir de compter ses orteils, de les grignoter. L'odeur de feuilles mortes l'automne, du lilas au printemps. Tant de moments divins qui en s'accumulant forment ce qu'on appelle le bonheur, à condition évidemment d'avoir les sens ouverts.

  Je connais des gens qui sont inconscients des plaisirs qui se présentent à eux, trop occupés à se regarder le nombril. Et j'oubliais l'attente comme plaisir, attendre une lettre, un coup de téléphone, attendre son anniversaire, un meuble, attendre pour faire l'amour. Le plaisir anticipé, c'est déjà du plaisir ; ça s'appelle le désir. Je me souviens du temps où, quand on demandait un cadeau, on l'attendait pendant des mois et c'était délicieux, cette attente. Aujourd'hui qu'on a tout immédiatement, on a perdu le bonheur d'attendre, de désirer avant de posséder. Dans mon jeune temps, faute de moyens de contraception, la pénétration était exclue avant le mariage, mais les amoureux qui attendaient pendant des années la nuit de noces devenaient des experts en excitations diverses. À l'ère où, dès qu'on se désire, on couche, on se prive du délicieux plaisir de l'attente. Et puis je ne peux passer sous silence les joies que procure l'ennui. Il y a une grande joie à s'ennuyer de quelqu'un, à l'espérer, et quand il arrive, quel bonheur !

On devrait enseigner l'ennui à nos petits en garderie. Avoir un moment chaque jour où l'activité, c'est de s'ennuyer. Ne rien faire afin de laisser entrer la folle du logis. L'imagination est capricieuse, dès qu'il y a trop de bruit, trop de monde, elle fuit. Et l'imagination, c'est précieux.

On peut passer à côté des petits plaisirs. Il y a des gens qui ne les voient pas, qui ne les verront jamais. Ils ont une aptitude au malheur, ils sont pessimistes, cyniques, alors ils sont malheureux. Il y en a qui trouvent même un certain plaisir dans leurs malheurs. Ça s'appelle du masochisme.

Il y a ceux qui veulent le bonheur à tout prix, qui s'acharnent à courir après le bonheur, qui croient dur comme fer que gagner à la loterie va combler leur vie, que le bonheur un jour va enfin leur tomber sur la tête. Le bonheur ne se jette pas sur les gens, le bonheur, c'est un état d'esprit, une façon de penser, qu'on peut acquérir puis développer tout au long de sa vie.

La solitude des vieux

Je me souviens, je devais avoir dix ans. J'étais allée avec ma mère voir une vieille tante dans un asile de la rue Fullum, à Montréal, tenu par des religieuses. À l'époque, le mot « asile » n'était pas associé qu'aux malades mentaux, mais aussi aux vieux dont personne ne voulait, des femmes surtout, les hommes mourant beaucoup plus jeunes. Chaque fois que je passe en auto devant l'édifice de pierres grises, je revois la scène.

Ça doit être au printemps parce que j'ai un petit chapeau de paille, des souliers en cuir vernis et des gants de coton blanc. Je me revois traverser un dortoir où s'alignent des lits à une place et des chaises berceuses. Un lit, une chaise. Ça sent le vieux pas lavé et le pipi. À mon passage, une vieille voulant me prendre la main fait glisser mon gant par terre. Terrorisée, je le ramasse et cours me coller sur ma mère, qui me souffle :

— Tiens-toi comme du monde !

Je reste debout au pied du lit de la tante qui, après m'avoir embrassée, m'invite à m'asseoir sur le matelas, à côté d'elle. Je ne me souviens pas de son âge ni de ses propos. Je me souviens cependant d'avoir pensé : « C'est ça, la solitude. »

La femme âgée, qui n'avait pas de mari pour la faire vivre, pas d'enfants ou des enfants ingrats, risquait de finir sa vie dans ces asiles, pires que nos refuges pour animaux. Sans pension de vieillesse, sans argent, elles étaient remisées dans un mouroir. C'était normal. Les vieux qui ne servaient plus à rien étaient jetés hors de la société.

Entendu dans une soirée :

— Si mémère ne se comporte pas mieux, on va la placer à l'asile.

Dans la semaine, j'avais reçu la même menace :

— Si tu ne te comportes pas mieux, on va te mettre pensionnaire au couvent.

Je me conformais aux ordres, j'étais obéissante et soumise par peur d'être exclue de la famille.

Il y avait des femmes qui échappaient à la soumission. Ma grand-mère Bertrand avait une forte personnalité. Elle avait eu douze enfants et elle s'attendait à ce que chacun d'eux lui remette ce qu'elle leur avait donné. Fatiguée de tenir maison, à l'âge de quatre-vingts ans, elle s'est « donnée à ses enfants », comme on disait quand on cassait maison, et elle passait un mois chez chacun d'eux. Elle arrivait en reine et menait tout le monde à la baguette. À l'époque des grosses familles, il y avait plein de vieilles femmes qu'on disait « haïssables » ; elles se vengeaient sur leurs enfants de la vie qui leur avait été imposée.

De nos jours, les vieux haïssables, injustes, rancuniers, méchants se retrouvent seuls. Ils ont fait le vide autour d'eux.

Mon père, généreux, tendre, aimable n'a pas souffert de solitude. Il est mort comme je veux mourir, entouré des siens, dans l'amour.

Je le cite encore : « Plus on donne, plus on reçoit. »

J'ai été élevée avec cette phrase-là. Alors je suis fine, douce, aimable, bonne, la plupart du temps, dans l'espoir qu'on le sera aussi avec moi.

Je lis aujourd'hui dans les journaux qu'il y a de plus en plus de corps non réclamés à la morgue. C'est de la solitude extrême !

La honte de vieillir

La jeunesse est tellement valorisée aujourd'hui qu'un sentiment de honte accompagne la perte des capacités physiques, comme marcher et courir. Quand on perd les fonctions de son corps, la honte est si forte qu'il est tentant de se cacher, de s'isoler. De rester chez soi.

J'avoue que j'ai beaucoup hésité avant de me servir d'une canne pour marcher. Le rhumatologue qui me suit depuis que j'ai des problèmes de dos me parle entre quatre yeux. J'aime ça.

— C'est la canne ou rester assise. Si vous restez assise, vous ne vous relèverez pas ; vous n'aurez plus de force dans les jambes.

Je me suis procuré une canne. Il n'était pas question que je ne sorte plus, que je me prive de mes visites à la bibliothèque, de mes soirées au théâtre ou au cinéma, de mes razzias aux marchés Atwater et Jean-Talon.

La première fois que je m'en suis servie en public, c'était au théâtre Jean-Duceppe, où je suis une habituée des premières. Je pensais que tout le monde remarquerait la nouvelle preuve que j'avais vieilli. Personne ne s'en est aperçu. Les gens, si tu leur souris, ne perçoivent pas que tu dois t'aider à marcher avec une canne. Je me trouve idiote de m'être privée d'une canne par fierté mal placée. C'est évident cependant qu'une fois qu'on se déplace avec l'aide d'un appui on ne peut plus s'en passer. Sans canne, je marche comme une personne en état d'ébriété avancée.

Je ne comprends pas plus les personnes qui, par vanité, refusent de porter un appareil auditif. Pensent-elles que c'est mieux de répéter : « Qu'est-ce que tu dis ? »

Et pourtant, mon ouïe baisse, quand il y a un bruit de fond. J'attends que ça empire ! Honte ? Que oui !

Faut-il se taire, s'empêcher de profiter d'une conversation parce que sa mémoire a des trous ? J'ai choisi d'avouer candidement que j'ai de moins en moins de mémoire des noms propres, que j'ai oublié tel événement récent, mais que je peux réciter des fables de La Fontaine apprises à la petite école. Je fais rire en racontant comment je peux passer par tous les prénoms de ma famille avant de tomber sur le bon. Quand j'enseigne, il m'arrive de perdre le fil de ma pensée. J'avoue en riant que c'est un effet de l'âge et je demande aux étudiants de me remettre sur le fil. N'empêche que je peux enseigner pendant des heures sans chercher un seul mot. C'est quand je suis distraite que les mots jouent à cache-cache avec moi, alors il s'agit de me concentrer et le tour est joué.

Je me suis rendu compte que faute avouée est à moitié pardonnée. C'est pourquoi je ne cache ni mon âge ni mes handicaps.

Si la honte isole les personnes âgées, que dire de la peur de tomber qui les cloue sur place ? Je suis tombée plusieurs fois, de tout mon long. Une fois sur le trottoir de la rue Saint-Denis, un midi. C'est un sans-abri qui m'a relevée. Une autre fois à la maison, en courant vers les toilettes. Tous les aînés connaissent les méfaits de l'incontinence. Quand l'envie te prend, t'es mieux de courir. Et puis l'année dernière, dans la chambre… pour les mêmes raisons. Chaque fois, je me suis fait mal. Mais rien de grave.

J'ai le choix : ou bien la peur de tomber me cloue au fauteuil ou bien j'accepte le risque de tomber en vaquant à mes occupations. J'ai choisi de vivre, et tant pis si je me casse quelque chose. Quand je quitte son bureau, mon rhumatologue me recommande :

— Ne tombez pas !

Comme si on choisissait de tomber ! Je fais attention, j'ai des chaussures aux semelles antidérapantes. Qu'est-ce que je peux faire de plus ? Je ne suis ni une grande malade ni une invalide, je suis juste vieille ! Et je suis fière de l'être ; c'est la preuve que je suis en vie.

Lit double

J'aime lire, j'aime apprendre sur la nature humaine afin de mieux la comprendre. Je lis beaucoup, énormément, mais ça ne me suffit pas. Il faut que j'écrive des livres qui seront lus par le plus de gens. Je n'écris pas pour faire de la littérature, j'écris pour communiquer. Voyez, il m'arrive de radoter aussi. J'ai besoin de rejoindre le plus de lecteurs possible comme il me fallait de bonnes cotes d'écoute à la télévision. C'est donnant, donnant. J'écris, il me faut des lecteurs. Quand les lecteurs se feront rares, je n'écrirai plus. Je ne me parle pas toute seule, je n'écrirai pas pour moi.

Écrire un roman, c'est grimper une très haute montagne en tombant, en titubant, en doutant de ses capacités. Un pas à la fois pendant des mois, des années. Écrire, c'est s'isoler, douter, effacer, recommencer, douter encore, réécrire ! Avoir peur que les lecteurs s'ennuient, qu'ils n'aiment pas, que le livre ne soit pas lu ; j'aurais grimpé tout ce temps-là pour rien ! Écrire, c'est quêter – pas toujours discrètement – des compliments pour se donner la force de continuer.

Et quand le haut de la montagne est enfin atteint, après des mois et des années de travail, arrivent les critiques qui peuvent d'un mot te faire débouler la pente et te dégoûter à jamais de récidiver.

Alors, si c'est si difficile, pourquoi j'écris ? me demanderez-vous.

Parce que j'ai quelque chose à dire, parce que j'ai des idées à transmettre. Quand j'écris, je prends le lecteur par l'épaule et je lui dis : « Viens, je vais te montrer quelque chose. » Pour illustrer mon point de vue, je vais vous expliquer comment est né *Lit double*.

Les statistiques québécoises soutiennent que cinquante pour cent des couples mariés divorcent. Je constate qu'on ne parle jamais de ceux qui vieillissent ensemble. Alors me vient l'idée d'explorer ce cinquante pour cent et de prouver par le fait même qu'il est possible que l'amour dure. Je suis d'autant plus désireuse de connaître les secrets du bonheur conjugal que je suis en couple avec Donald depuis plus de trente ans et que je veux que notre amour dure encore longtemps. Mes recherches à ce sujet pourraient m'aider tout en aidant les couples que ces chiffres effraient. Je consulte Johanne Guay, qui dirige la maison d'édition qui me publie. Je lui propose même un titre qui *flashe* dans ma tête comme une enseigne lumineuse : *Lit double*. C'est un anglicisme, je sais, mais pas plus ni moins que *hamburger*. Enfin, *Lit double* est accepté. Monique H. Messier sera cette fois encore ma directrice littéraire. J'ai une confiance totale en son talent d'éditrice. Et puis, elle me parle doucement. Je n'aime pas être brusquée et peux tout faire pour une personne qui est ferme, mais douce avec moi. Travailler avec elle est source de plaisir. Je m'améliore à son contact.

Alors commence ma recherche. J'aime ce moment où je ne pense qu'à mon sujet, où je ne lis que sur mon sujet. Ça peut durer six mois, un an. Et quand j'ai fait assez de recherche, que j'ai rempli de nombreux cahiers de mes notes écrites à la main vient un moment où je me sens prête à écrire ma bible, mon plan. Je veux savoir où je vais. Lorsqu'on ne sait pas où on va, il y a de grandes chances qu'on tourne en rond. Je ne crois pas qu'on puisse bâtir une maison sans plan ni une bonne histoire sans structure dramatique. En tout cas, c'est ce que j'enseigne à l'Inis depuis de nombreuses années. Je dois faire ma bible, c'est-à-dire écrire un résumé de mon histoire, de huit lignes environ. Trouver même la fin. Inventer des personnages qui serviront mon histoire. Déterminer la psychologie de chaque personnage, leurs courbes dramatiques, etc. Après ce travail de moine, là seulement, je pourrai entreprendre l'écriture de mon roman. Cette façon de faire n'empêche pas la création, au contraire, c'est mettre un coffre à outils à la portée de la création.

Quand ma bible est terminée, le bonheur d'écrire commence.

Quel plaisir de voir apparaître sur l'écran de mon ordinateur des mots et des phrases qui donnent vie à des personnages qui vont pleurer et rire selon mon bon vouloir. Quelle joie de voir prendre forme la première page ! Puis la deuxième. C'est parti ! Je suis au pied de l'Everest. Je suis bien équipée pour l'escalade. J'ai mon plan sous le bras et du cœur au ventre. Il s'agit maintenant de grimper la montagne, mot après mot, jusqu'au sommet, où se trouve le public lecteur. Vais-je y arriver ? Le souffle va-t-il me manquer ? Et là-haut, que va-t-il se passer ? Des applaudissements ou de l'indifférence ? Une chance, le plaisir est dans l'ascension aussi, mais devenir un *best-seller*, avoir un gros lectorat, c'est une exigence que je m'inflige. Je veux partager ce que je sais avec le plus de gens possible. C'est un désir très légitime.

J'écris une page, je la corrige, la reprends, la retourne de tous bords, tous côtés. Bon, pour le moment ça va.

Je sais que j'aurai tout le loisir plus tard de m'améliorer encore et encore. Écrire, c'est réécrire.

Quand j'écris un roman, je vis avec mes personnages. Je pense à eux comme s'ils étaient vivants. J'ai hâte de me mettre au travail le matin pour les retrouver. Quelques jours sans écrire et ils me manquent.

Écrire est un art, mais aussi un métier qui demande des années d'apprentissage. Si je veux raconter une histoire qui soit passionnante du début à la fin, je dois suivre des règles que j'ai apprises et expérimentées pendant toutes mes années d'écriture télévisuelle et théâtrale.

Je n'écris pas pour l'argent, j'en ai. Ni pour être connue, je le suis. J'écris pour enrichir ma vie et celle de mes lecteurs. J'écris pour communiquer mes découvertes. J'écris pour transmettre mon savoir.

L'après-cancer

J'ai eu un cancer. Ce n'est pas original. À un certain moment de ma vie, des cellules dans mon sein se sont mises à se multiplier jusqu'à former un cancer. Je ne suis pas du genre à me culpabiliser et à voir dans la maladie une punition pour quelque désordre émotionnel mal vécu. Un cancer est une maladie, il y a des médecins spécialisés qui la soignent. Moi qui veux tout savoir des relations entre les humains, je m'en remets facilement à la médecine. Je ne connais pas le fonctionnement de mon corps : ils s'y connaissent, alors je fais confiance, je crois ce qu'ils me disent, je fais ce qu'ils me disent de faire.

    Je prends le parti de vivre les années après cancer qu'il me reste à vivre le plus sereinement possible, tout en faisant attention à ma santé… sans virer folle. En suivant les recommandations des livres de Richard Béliveau, j'ai essayé de me gaver de curcuma et de chou kale. Pas capable ! Je mange des légumes, autant que je peux, mais pas plus. J'ai presque banni la viande rouge de mon assiette et je bois un seul verre de vin par jour, la plupart du temps. Cinq fruits et légumes par jour ? Pas capable ! Chaque matin, je mange des noix, du yogourt grec et une banane. J'aime le poisson, alors j'en mange au moins deux fois par semaine. J'ai coupé les portions non pas parce que je ne suis plus gourmande, mais parce que je n'ai plus d'appétit. Je me souviens que ma grand-mère à mon âge ne mangeait presque rien. Je remarque aussi que mes papilles supportent de moins en moins ce qui est amer et acide. Mes papilles sont heureuses quand je leur offre du sucré. Wow !

Je pourrais attribuer toutes mes dégénérescences au cancer, mais c'est l'âge qui est responsable de tous mes petits bobos. Il ne faut surtout pas que je devienne un objet de soins essentiellement.

Je suis vivante et je profite de la vie. Je vois le chirurgien-oncologue chaque année et chaque fois je lui répète que s'il découvre une tumeur maligne je me ferai opérer à nouveau. En attendant, je refuse de m'en faire avec le cancer.

La génération de l'anti-âge

Il n'y a pas si longtemps, les vieux s'habillaient en vieux dès la cinquantaine. Faut dire que la longévité était courte dans ce temps-là.

Les femmes se négligeaient à la ménopause. La chanson d'Aznavour *Tu t'laisses aller* exprime une tendance forte des épouses de ce temps. On avait attrapé un bon pourvoyeur, on avait eu les enfants que le bon Dieu envoyait, la vie sentimentale était terminée, alors pourquoi se faire belle ? Pour qui ? À la ménopause, les femmes quittaient le corset qui les empêchait de respirer, les talons hauts qui leur donnaient des maux de dos et des cors aux pieds, elles s'habillaient vite en p'tites vieilles, pas par paresse, mais par souci de confort.

Les hommes ne vieillissaient pas mieux. Ils se négligeaient encore plus que leurs femmes. Si Aznavour avait été une femme, elle aurait pu chanter *Tu t'laisses aller* tout aussi bien. Je pense aux hommes qui ne se privaient pas de péter, qui rotaient à table. Ils étaient vieux, finis, alors pourquoi faire attention à l'autre ?

Il n'y a plus de p'tits vieux et de p'tites vieilles ! Hourra !

Aujourd'hui, on ne peut plus mettre un âge sur les gens. L'essentiel pour les hommes comme pour les femmes, c'est d'avoir l'air jeune. C'est plus facile pour les femmes que pour les hommes. De nombreux soins sont à la disposition des femmes pour reculer les signes de la vieillesse. Les hommes s'y mettent, il paraît. Il faut voir l'espace réservé aux soins de beauté masculine dans les grands magasins.

Grogner, rouspéter, ce n'est plus à la mode non plus. Le grand-père despote qui se croyait le représentant de Dieu sur terre et qui tenait sa famille par la peur de ses colères a disparu pour faire place au grand-père gâteau. La grand-mère qui se vengeait de sa vie misérable sur ses enfants et petits-enfants, c'est de l'histoire ancienne. Rester jeune, c'est le mot d'ordre du vingt et unième siècle. On veut mourir jeune à cent ans !

Moi, à mon réveil, je n'ai pas d'âge, surtout si le rideau est ouvert et que le soleil me réchauffe. Je mets un pied à terre et je dois traîner le reste jusqu'aux toilettes. J'ai mal partout : le dos, les jambes, les hanches, les bras, les mains. Alouette ! Je lève les yeux vers le miroir. Misère ! Me semble que mon visage tombe vers le bas. Je balaie du regard les petits pots qui remplissent le comptoir du lavabo. On dirait que les crèmes, les sérums, les remplisseurs de rides et autres promesses dermatologiques ne prennent plus sur moi.

Ces produits anti-âge, si j'en crois la publicité, doivent me rendre jeune à quatre-vingt-quatorze pour cent.

Une couche de sérum, une couche de crème anti-âge, une couche de crème antitaches, un hydratant et me voilà de bonne humeur en attendant le miracle qui ne vient pas. Les crèmes anti-âge, c'est la drogue des femmes âgées. Je sais bien que ce que procure la drogue c'est de l'illusion, de l'hallucination, mais il m'en faut. Ça coûte une fortune, on est toujours à la recherche de plus fort, plus performant. Je sais bien que les crèmes anti-âge dans le fond ne sont pas si anti que ça, mais ça me fait rêver et il n'y a pas d'âge pour rêver.

Le vieillissement du corps

Vient un temps où la jeunesse épuisée d'avoir duré si longtemps finit par nous lâcher et la vieillesse s'installe morceau par morceau, petit à petit. Mais la vieillesse est gentille dans le fond, elle nous prépare au deuil de notre vie, en nous envoyant des mini-deuils. Mon premier mini-deuil a commencé il y a dix ans par un oignon au pied gauche. Au début, avec des orthèses, ça s'endurait, puis la souffrance est devenue si intense qu'elle m'empêchait de marcher. Visite au chirurgien des pieds, qui me conseille évidemment de me faire opérer. J'hésite. La douleur après l'opération est insupportable, paraît-il. Je dois choisir entre deux douleurs : celle que j'ai et celle que j'aurai.

Pendant cette année d'hésitation, je boite et souffre le martyre. Je choisis finalement l'opération. Je comprends alors pourquoi on traite d'oignon l'hallux valgus : ça fait pleurer ! Je marche avec une bottine de feutre pour un temps qui me paraît une éternité, et puis mon orteil guérit et je n'ai plus mal. Mais – en médecine, il y a toujours un « mais » caché quelque part – pour avoir moins mal au gros orteil de mon pied gauche, je mets tout mon poids sur ma jambe droite et j'ai mal au dos. Il s'avère que ce mal de dos provient des nerfs qui frottent sur les os de ma colonne vertébrale, là où mes disques sont usés, ce qui m'empêchera bientôt de courir, de porter des talons hauts, et surtout, de me tenir debout, de marcher. Je ne pourrai plus faire de grandes promenades à pied, au bras de mon amoureux. Au bout de dix minutes de marche, mon dos brûle. Aux fourneaux, c'est pire ! Je ne suis bien qu'assise, moi qui déteste rester tranquille à ne rien faire.

Je me console, car ce n'est pas une maladie, mais un inconvénient majeur. Je me trouve trop jeune pour être inactive ! Je suis ouverte aux changements, je ne juge personne. Je travaille beaucoup... et je fais l'amour. Je crois encore que l'être humain est bon, que tout le monde m'aime et que personne ne me veut du mal. Je m'émerveille encore d'un rien. Je suis jeune dans mon cœur ; c'est mon corps qui est vieux.

Je cherche un traitement miracle qui va me redonner mes disques du dos. Je cherche et je ne trouve pas. C'est l'âge ! Des pilules soulagent mes souffrances, mais l'usure fait son chemin dans ma colonne vertébrale. Je commence par boiter légèrement. Des infiltrations de cortisone me permettent de moins souffrir, mais l'effet apaisant dure de moins en moins longtemps. Bref, je suis handicapée et ça ne s'arrangera certainement pas avec l'âge. Mon énergie a les ailes coupées. Je déprime un peu puis je me rappelle un adage anglais : *Count your blessings*, ce qui veut dire, en cas de malheur, « compte tous tes bonheurs ». Et, de fait, je me mets à compter tout ce que j'ai et je l'écris dans un carnet pour m'en souvenir.

Ce que j'ai :
– l'amour de mon Donald ;
– l'amour de mes enfants et de leurs descendants ;
– l'amour de mon neveu Pierre et de sa femme Sylvie ;
– la fidélité de mon meilleur ami, André ;
– l'amitié de Nicole, mon amie de cœur ;
– l'amour du public. Pas tout le public, mais la majorité du public ;
– de l'argent, pas trop pour me causer des soucis, assez pour arrondir les coins de ma vie ;
– un chalet en bois rond où je passe tous mes étés ;
– un bel appartement décoré par Donald ;
– deux mois de chaleur l'hiver au bord de la mer.

Et… je pourrais continuer ainsi pendant des pages et des pages.

Un jour où les affres d'un divorce me plongeaient dans la déprime, je me suis mise à compter mes bonheurs, à les écrire. J'avais le choix : ou je regrettais tout ce que je perdais ou je vivais pour ce que j'avais. Je suis vite sortie de ma déprime. Le fait de voir imprimés le beau et le bon de ma vie m'a donné le coup de pied qu'il me fallait pour me sortir du trou où je m'étais réfugiée, en mille miettes. Il est tentant une fois dans le trou de s'y vautrer. La victimisation, le ce-n'est-pas-ma-faute-ce-sont-les-autres, très peu pour moi.

Accuser les autres, la vie, le gouvernement et la société, ça soulage sur le coup, mais après ça détruit le moral.

Quand la peur de vieillir s'installe

Un jour, un ami de mon âge me parle de sa hantise des couches pour incontinence urinaire. Il ne veut surtout pas que sa femme, plus jeune, les lui change, ce serait l'humiliation suprême. Pour lui, la vieillesse est représentée par cette image.

— As-tu un problème d'incontinence ?

— Non, mais tous les vieux ont des problèmes de fuite…

— Pas tous les vieux, et puis il existe des pilules pour contrôler les écarts de la vessie. Et de nos jours, les couches se font discrètes. De toute façon, qu'est-ce que quelques gouttes d'urine qui suintent inopinément dans la culotte comparativement à l'Alzheimer ? Compare-toi jamais à mieux, mais à pire que toi. Ça aide.

Et je lui apprends que très peu de personnes âgées portent des couches.

Il ne le savait pas et c'est pourtant un homme érudit.

— Tu es vivant, en bonne santé, pourquoi te faire du souci pour un ennui que tu n'auras peut-être pas ? Et si par hasard tu deviens incontinent, au moins tu es vivant, tu peux encore passer de bons moments avec ta blonde. Il n'y a pas de plus grande richesse que celle de vivre. Et tu as la chance d'avoir auprès de toi une femme qui t'aime. Tu ne vas pas l'ennuyer avec un problème qui n'existe pas encore.

Il y a des désagréments à être vieux, c'est certain, mais il y en a aussi à être adolescent, et que dire des problèmes du milieu de la vie ? Je trouve tout à fait normal que nous ayons, nous, les survivants des maladies de cœur et du cancer, nos petits bobos. Il faut se mettre dans la tête que, si à quatre-vingts ans et plus nous sommes encore en vie, c'est une telle chance qu'il ne faut pas la gaspiller en rouspétant contre les inconvénients liés au grand âge. On n'a pas le choix : ou on est mort ou on est vivant, et si on est vivant, ce serait ridicule de ne pas profiter du temps qu'il nous reste à vivre à cause de peurs de toutes sortes. On n'a qu'une vie !

Je rencontre une jeune femme de moins de quarante ans, hantée par la peur de vieillir.

— Moi, j'ai peur de vieillir depuis ma première ride.

— Alors, ma fille, il faut cacher ta figure du soleil, l'enduire de crème solaire et te persuader que seul le charme compte.

Finalement, ce qu'on craint en vieillissant, c'est de ne plus séduire, de ne plus recevoir de compliments. Et pourtant, on sait fort bien que ce qui nous attire chez les autres c'est le charme, et le charme ne vieillit pas.

Alors que mon corps se défait, et que je souffre le martyre quand je marche, je cultive tous les jours la joie et la chance d'être en vie et je suis certaine que ça se reflète sur mon visage. Ça ne sert strictement à rien de vouloir rester jeune puisque c'est impossible, mais rien ne m'empêche d'avoir une vieillesse heureuse.

La peur d'être un poids

Une autre peur très populaire chez les aînés est la peur d'être un poids pour la famille. J'ai cette peur que je combats en pensant à la psychiatre et psychologue Elisabeth Kübler-Ross.

Un jour, une vieille femme lui a dit :

— Je veux mourir pour ne pas être un poids pour ma fille.

Elle a répondu :

— Vous vous êtes occupée d'elle toute votre vie, laissez-lui la possibilité de vous rendre ce que vous lui avez donné.

On est comme ça, les vieilles femmes, on ne veut pas déranger. J'ai écrit une pièce à ce sujet : *Dis-moi le si j'dérange*. C'est Juliette Huot – et plus tard Rita Lafontaine pour la télévision – qui jouait une femme de cinquante-huit ans qui téléphonait à ses enfants pour les prévenir qu'elle se suicidait, dans l'espoir secret qu'ils l'en dissuaderaient. Comme elle ne rejoint personne...

J'avais choisi ce titre parce que, moi-même, quand je téléphone, je demande toujours si je dérange. Mais je me raffine en vieillissant, car je connais mieux ce que je vaux, j'accepte qu'on m'aide, qu'on me donne la meilleure chaise, qu'on me tende le bras pour que je puisse m'y appuyer. Je me laisse gâter... le plus souvent.

La peur de finir dans la pauvreté

La peur de manquer d'argent vient souvent assombrir nos vieux jours. Pensons-y sérieusement. De nos jours, après la retraite, il peut rester trente ans à vivre... sans être rémunérés. Ceux qui ont des pensions peuvent dormir sur leurs deux oreilles – même si je ne sais pas comment, physiquement, on peut dormir ainsi –, mais tous n'ont pas cette chance. Les travailleurs autonomes, eux, doivent songer tôt à mettre des sous de côté pour leurs vieux jours. J'ai vu des vieux se mordre les doigts de n'avoir pas eu assez de réserves pour se payer des petits plaisirs. Hélas, bien peu de jeunes pensent à épargner pour plus tard, et je les comprends ; quand on est jeune, l'avenir est lointain.

Je recommande à tous les jeunes travailleurs de faire cette prise de conscience tout de suite. Combien devez-vous épargner aujourd'hui pour avoir des lendemains confortables ? Il faut lire sur le sujet. S'informer.

Les conseillers financiers de votre banque vous aideront à planifier votre... de plus en plus longue retraite.

La peur d'être placé

Je crois fermement que chaque individu doit décider de sa vie, à moins d'être dans l'incapacité totale de prendre une décision. Personne ne devrait, par crainte de déplaire à son fils ou à sa fille, faire ce qu'il ne veut pas faire. Si la personne âgée désire vivre dans une résidence, c'est son choix et elle doit l'assumer, mais si elle refuse et veut vivre chez elle, les enfants doivent alors appuyer cette décision, même si ça les inquiète.

Toutes les raisons sont bonnes pour se débarrasser de ses parents :

— Maman perd la mémoire, elle a oublié une casserole sur le feu.

— Papa est sorti sans barrer la porte, il aurait pu se faire voler.

— J'en peux plus de m'inquiéter de ma mère, je ne dors plus.

Les enfants doivent comprendre qu'il n'est pas de leur ressort de décider de l'avenir de leurs parents si ceux-ci ont toute leur tête. Je demande aux enfants de se poser sérieusement les questions suivantes :

— Pourquoi je veux tant placer ma mère ou mon père ? Qu'est-ce que je veux ? Le bonheur de mon parent ou ma tranquillité d'esprit ?

Les aînés, de leur côté, se doivent de rester indépendants de leurs enfants, le plus possible.

Parfois, les fils et les filles issus de la société de consommation ont tôt fait de traiter les aînés comme s'ils étaient des objets jetables embarrassants.

Je déteste entendre de jeunes femmes me dire :

— Je suis devenue la mère de ma mère.

Je ne voudrais pour rien au monde être l'enfant de mes enfants. Je suis prête à écouter leurs recommandations. Je leur demande même conseil, mais ils n'ont pas à prendre de décision me concernant à ma place. Je suis maître de ma vie jusqu'à ce que mon médecin signe mon mandat d'inaptitude.

Je me souviens d'une jeune femme, fatiguée de s'inquiéter pour sa mère, qui me demandait si elle devait la placer. Je lui avais répondu :

— Lui en as-tu parlé ? Ce n'est pas à toi de décider pour elle. Tu peux lui faire valoir les avantages d'une telle décision, mais c'est à elle de juger où elle sera le mieux puisque tu me dis qu'elle a toute sa tête.

Je crois qu'elle m'en a voulu de ma réponse. Je dois reconnaître qu'il y a des gens âgés pas faciles à vivre. Ces aînés-là ont souvent de trop grandes attentes vis-à-vis de leurs enfants et ne sont jamais contents. D'autres choisissent un enfant pour en faire leur bâton de vieillesse. Ça se faisait beaucoup autrefois et ça se fait encore. J'admets qu'il y a des personnes qui vieillissent mal, qui deviennent aigries, détestables. Ce sont des vieux haïssables, mais on leur doit au moins le respect si on ne peut pas les aimer.

La peur de la mort

Je n'ai pas peur de la mort, mais je ne veux pas mourir. J'ai de bonnes raisons : je ne jouirai plus de tous les petits plaisirs que la vie m'apporte, je ne serai plus là pour vivre le quotidien avec Donald, je ne serai plus là pour suivre le chemin que prend chacun de mes petits-enfants. Je ne pourrai pas voir grandir mes arrière-petites-filles et les autres bébés qui ne sont pas encore nés. Je tiens à la vie malgré mon dos usé, mes trous de mémoire, mes petites et grosses douleurs. Je n'ai pas fini d'apprendre, d'enseigner, de lire, d'écrire, de regarder la télévision, d'aller au théâtre, au cinéma, de rencontrer des gens, de tenter de les comprendre, de les aimer. La vie va se poursuivre et je veux être là avec ceux que j'aime, continuer à faire ce que je fais, satisfaire l'insatiable intérêt que j'ai pour le genre humain, moteur de ma vie.

Je sais, je rêve, je vais mourir comme tout le monde, mais ce n'est pas parce qu'on est vieux qu'on n'a plus le droit de rêver.

Je me dis qu'il est possible que je vive longtemps et assez en santé, enfin, pas trop malade. Je me dis que je dois faire de l'exercice, bien manger pour continuer ma vie, et je me dis aussi que je dois être la plus fine des fines pour qu'on m'apprécie pour le reste de mon périple. Je ne demande pas la perfection, juste de vivre avec la capacité d'être reconnaissante de ce que la vie m'apporte.

Ce qui ne m'empêche pas d'avoir des moments de cafard, de désespoir même. Je fais de la bronchite chronique. Il m'arrive de tousser pendant un mois et plus. J'ai des moments de rage et de découragement. Je me demande vraiment si je ne serais pas mieux morte, et puis je vais mieux et j'oublie. La faculté de rebondir est un don précieux que j'ai hérité de mon père. L'ai-je transmise à mes enfants ? Est-ce acquis ou inné ?

À ceux qui ont peur du passage de la vie à la mort, je veux partager avec vous un extrait du livre *Anticancer*, de David Servan-Schreiber. Ce savant, chercheur en neurosciences, affirme que la mort n'est pas douloureuse en elle-même.

« Dans les derniers jours, on cesse d'avoir envie de s'alimenter et de boire. Le corps se déshydrate alors progressivement. Plus de sécrétions, donc plus d'urine, plus de selles, moins de phlegme dans les poumons. Donc moins de douleur dans le ventre, moins de nausée. On ne vomit plus, on ne tousse plus.

Tout le corps se calme. La bouche est souvent sèche, mais il est facile de la soulager en suçant de petits glaçons ou un tissu mouillé. Une fatigue s'installe, et l'esprit se détache, le plus souvent avec un sentiment de bien-être, parfois même une euphorie. On a de moins en moins envie de parler à ses proches. Simplement de leur tenir la main et de regarder ensemble la lumière du soleil par la fenêtre, ou d'écouter le chant d'un oiseau, ou une musique particulièrement belle. Dans les dernières heures, on entend parfois une respiration différente qu'on appelle le "râle". Et puis, il y a généralement quelques dernières respirations incomplètes (les "derniers soupirs") et des contractions involontaires du corps et du visage qui semblent se rebeller contre la disparition de la force vitale. Elles ne sont pas l'expression d'une souffrance, mais simplement la manifestation du manque d'oxygène dans les tissus. Puis les muscles se relâchent, et tout est terminé[*]. »

C'est la première fois que je lis une description de la mort qui raconte exactement celle de mon père. C'est très rassurant.

---

[*] David Servan-Schreiber, *Anticancer. Les gestes quotidiens pour la santé du corps et de l'esprit, nouvelle édition*, chapitre 10, « Désamorcer la peur », Paris, Versilio, 2014.

La peur de la solitude

Je me souviens de mon année comme bénévole à Tel-Aide, service téléphonique de soutien pour les gens en détresse. Les appels les plus fréquents venaient de personnes qui souffraient de solitude, hommes et femmes. Les grandes villes abritent beaucoup de personnes seules. Selon le dernier recensement de 2011, près d'un Montréalais sur cinq (18,7 %) vivait seul dans son logement. C'est le taux de personnes seules le plus élevé au Canada. Les jeunes célibataires travaillent, sortent, rencontrent des gens. Les amis remplacent le conjoint; les vieilles personnes restent seules chez elles. Et elles ont le droit de vivre seules si c'est un choix qu'elles ont fait et si elles ont un peu d'argent pour s'offrir un environnement plaisant.

On a beaucoup parlé du Québec inclusif, mais quand parle-t-on de l'inclusion des vieux dans le Québec? L'exclusion commence à la retraite. Un homme ou une femme qui cesse de travailler est exclu de la société qu'il ou elle fréquentait. Pas de rencontres après le travail, plus de fêtes, plus personne avec qui discuter de l'émission de télé de la veille ou de politique. Ou de sport ! J'ai connu des femmes qui, une fois à la retraite, se refermaient sur elles-mêmes, soi-disant pour se reposer, et se retrouvaient après quelques années de repos dans la solitude la plus complète. La solitude est agréable, mais en petites doses seulement.

Il y a des vieux qui choisissent la solitude, ils s'en régalent parce que c'est leur choix, mais si la solitude et l'isolement sont imposés par la retraite ou la vieillesse, alors le chemin de la dépression n'est pas loin. Il existe une grande différence entre la solitude imposée et celle qui est voulue. Je me demande si ceux et celles qui se plaignent que leurs enfants les négligent n'ont pas pris eux-mêmes des distances en ne fréquentant plus personne. Vivre entouré exige un don de soi, et certaines personnes manquent de générosité. Je ne crois pas qu'il y ait d'un bord les méchants enfants, et de l'autre, les vieux délaissés. La relation parent-enfant ne va pas de soi et est aussi complexe que la relation de couple. Cette relation se cultive aussi. Si le respect parent-enfant n'a pas été installé dès le début, il y a des risques que ces relations se terminent mal.

Je crois que plusieurs personnes âgées en perte d'autonomie ont peur de leurs enfants. Le pouvoir est inversé. Et quand il y a pouvoir, il n'est pas rare qu'il y ait abus de pouvoir.

La peur de l'Alzheimer

J'ai peur de la maladie d'Alzheimer. J'ai peur de perdre mes esprits, j'ai peur de cette maladie dont la cause est inconnue, qui ne se guérit pas et dont on meurt lentement, en exil de soi. J'ai peur de ne plus être capable de lire et d'écrire, peur de ne plus communiquer. J'ai surtout peur de déranger mon amoureux, mes enfants. J'ai peur et j'ai raison d'avoir peur parce que le nombre de personnes atteintes a doublé depuis quelques années. Chaque fois que je ne trouve pas un nom propre sur-le-champ, la maladie me fait un clin d'œil malicieux et j'ai peur.

Pour écrire *L'Enfer de l'âge d'or*, la dernière dramatique de la série *Avec un grand A*, je m'étais documentée auprès d'un spécialiste. Je voulais mettre en scène une personne souffrant de la maladie d'Alzheimer. Je me souviens de lui avoir demandé la différence entre perdre la mémoire et être atteint d'Alzheimer.

Il m'a répondu tout simplement que, lorsqu'on perd la mémoire, on oublie les noms des choses et des gens, mais que si on souffre de la maladie, on oublie la fonction des mots, des choses. Il m'a donné un exemple. Celui qui n'a que des pertes de mémoire oublie où il a déposé sa tasse de café, mais il sait que la tasse sert à contenir du café. Le malade, lui, ne sait plus à quoi sert la tasse. C'est un exemple simple qui m'a fait comprendre la différence entre la maladie et un état dû à la vieillesse qui s'appelle la sénilité.

J'ai beaucoup lu sur la mémoire. Ce que j'ai retenu et que je tiens à partager, c'est que la mémoire est un disque dur qui enregistre tout depuis la naissance et que, lorsqu'on vieillit, on se souvient mieux de la tarte au sucre de sa grand-mère que de ce que l'on a mangé la veille. Ces pertes de la mémoire récente m'ennuient. Je déteste ne pas me souvenir du nom d'une personne que je connais, de celui d'un village où je me suis arrêtée, mais j'ai trouvé que, pour me rappeler où je mets les choses, je dois les ranger toujours à la même place, comme les clés glissées dans telle poche ou dans tel vase. Pour retenir des adresses, des numéros de téléphone, je les écris avec mes yeux sur un mur, ou au mieux, sur un papier.

Une spécialiste de la mémoire que je recevais à *Parler pour parler* m'a fait comprendre que, pour emmagasiner de nouvelles données, le cerveau a besoin d'un peu de temps, le temps d'engranger, d'imprimer l'information. Donc ce que je veux retenir, je me le répète deux fois, lentement si je n'ai pas de papier pour l'écrire. J'ai un agenda où je note mes rendez-vous. Si j'ai une idée qui peut me servir, je l'écris sur un bout de papier, et si je perds mon papier, il y a des chances que je me souvienne de ce que j'avais noté. Combien de fois ai-je oublié la liste d'épicerie ? Et pourtant, après trois bonnes respirations, je me souviens de tous les éléments qu'elle comptait.

J'ai vécu toute ma vie avec des peurs, mais jeune déjà, je me répétais : « Elles ne m'auront pas. Je ne vais pas les laisser mener ma vie. » Dès qu'elles apparaissent, je les chasse et je fais une liste de mes petits bonheurs.

Lit double 1

Au bout d'un an et demi d'écriture et de réécriture, mon roman *Lit double* sort en librairie et c'est un succès. Je suis contente, très contente que tant de gens s'intéressent à ce que j'écris.

Non, je ne suis pas Clara !

J'ai pris pour incarner Clara quelques traits de mon amie Clairon, hélas décédée. Clairon était une fine psychologue, comme Clara. Elle était ma confidente et ma grande amie, sans se livrer elle-même. Elle avait une qualité d'écoute sans pareille, ne jugeait jamais personne. Elle me manque. Les autres personnages sortent tous de ma mémoire. Par exemple, tu veux que ton personnage soit un homme de cinquante ans, tu fais appel à ta mémoire et les images d'hommes de cinquante ans que tu as connus apparaissent. Tu n'as plus qu'à piger des traits de l'un, des tics de l'autre et finalement un personnage émerge, que tu crois avoir inventé de toutes pièces, mais que tu as choisi à même tes souvenirs. On aime mieux parler d'inspiration, de création, ça fait plus mystérieux et inaccessible.

La grande question! Qu'est-ce qui est le plus important dans une œuvre de fiction : les personnages ou l'histoire? Personne à ce jour n'a pu trancher. Personnellement, je crois que les deux doivent exister si on veut intéresser le lecteur, le toucher.

Les idées d'un roman sont partout, au travail, dans les journaux, dans la rue. Quant à moi, je me demande toujours avant d'écrire un roman ce qui me choque dans la société, ce que je voudrais changer si j'avais une baguette magique, ce que je veux communiquer.

Tous les bons films, les bons romans prouvent quelque chose de moral, d'immoral ou d'amoral. Je peux prouver que le crime paie ou qu'il ne paie pas, mais si on veut passionner le lecteur, il faut que le personnage principal sache ce qu'il veut prouver et y arrive à la fin.

Je ne vais pas donner ici le cours d'écriture que je donne à l'Inis depuis vingt ans.

— Mais écrire ne s'apprend pas!

Il est admis qu'il faille apprendre la musique, le chant, la danse pendant des années avant de se produire devant le public, mais ne parlez pas de règles aux auteurs dramatiques et aux écrivains. Écrire, pour certains, est censé être un talent spontané. Tu l'as ou tu l'as pas, et quand tu l'as, c'est censé sortir tout seul. Tu ouvres l'ordinateur et le jet sort. Chose étonnante, les jeunes qui ne regardent que les séries américaines et les trouvent si bonnes ignorent que les auteurs américains suivent des règles, justement, qui leur sont enseignées dans des écoles spécialisées, règles que je suis allée apprendre chez eux et que je transmets à mes élèves à l'Inis. Je suis indignée chaque fois qu'un auteur se vante d'écrire son texte dans un temps record sans se donner la peine de réécrire. C'est donner une image erronée du métier. Parce que, si écrire est un art, c'est aussi un métier, et les métiers ont des règles.

La musique et la danse, la peinture sont le symbole du travail acharné, de la persévérance, du « cent fois sur le métier ». L'écriture dramatique serait-elle un don du ciel ? Il suffirait d'avoir une belle plume ? Les règles ne donnent pas le talent, ne l'enlèvent pas non plus ; ce sont des outils pour parvenir à écrire des histoires passionnantes et efficaces.

Il est mal vu dans le milieu littéraire d'avoir un succès de librairie. C'est un trait caractéristique de notre peuple de rabaisser tout ce qui sort du rang. Le complexe de la haie de cèdres : dès qu'une branche sort de la haie, le sécateur !

Quand le corps lâche

J'ai toujours eu un rapport conflictuel avec mon corps. Même si dans la vingtaine mes mensurations étaient celles d'Elizabeth Taylor – 36-24-36, la mesure idéale des jeunes femmes de mon temps –, je ne me trouvais pas sexée. À mon avis, j'avais trop de seins, trop de hanches et la taille pas si fine que ça. Rien ne me plaisait en moi. La femme excitante pour l'homme dans les années 1940 et 1950 avait un corps pour porter des enfants ; un bon bassin, de bons réservoirs à lait. Marilyn Monroe et, avant elle, Mae West étaient nos modèles. Après des années de privations alimentaires – dues à la guerre de 1914-1918 et à la crise de 1929 –, l'abondance était à la mode. Mon père, quand il voyait une fille maigre (le mot « mince » n'était pas utilisé), pensait qu'elle était malade et parlait de l'engraisser comme un cochonnet. Mon frère Paul avait une blonde maigre et osseuse qu'il me donnait sans cesse en exemple.

J'ai fait des régimes amincissants pendant trente ans, qui n'ont réussi qu'à me faire prendre du poids. On affame son corps, il réagit en stockant de la graisse. Au début de mes amours avec Donald, je lui cachais mon bedon et mes seins de mère de famille, j'en avais honte. J'avais peur qu'il me trouve grosse. Donald m'a fait accepter mon corps et, petit à petit, je me suis mise à l'aimer tel qu'il était, rond – mon corps, pas mon amoureux !

Aujourd'hui, mon corps est mou et plissé. J'avoue que c'est difficile à porter dans un monde où le ferme et le lisse sont à l'honneur. Même les magazines pour retraités ne montrent que des femmes lisses et fermes. J'ai commencé par cacher ce corps indigne des magazines en portant des robes amples, et puis je me suis raisonnée... sur le tard, je l'avoue. J'aime mon corps, c'est le seul que j'ai. Il est loin de ressembler à ceux qu'on nous propose partout, mais je l'apprécie pour tout ce qu'il m'apporte. Sans lui, je suis morte. Je le soigne, le badigeonne de crème de beauté, de crème solaire quand je vais au soleil. Je le fais examiner annuellement sous toutes ses coutures par mon médecin de famille. Je fais de l'aquaforme chaque semaine. Depuis deux ans, je vois régulièrement un ostéopathe. Je serais idiote de négliger mon corps : je durerai tant qu'il le voudra bien.

Dans la vie de tous les jours, j'aime mon corps, mais quand je me vois à la télévision, de dos, de côté, de face, de trois quarts, je ne me reconnais pas. Ce n'est pas moi. Moi, je suis plus mince et plus jeune ! Heureusement, tous les vieillards ne se voient pas sur le petit et grand écran. Je connais des actrices et des acteurs, même jeunes, incapables de se regarder à la télé. C'est trop cruel, l'écran grossit de dix livres et vieillit de dix ans, et la haute définition va chercher des rides, des froissements, jusqu'en dessous de la peau !

— Mais pourquoi la vieillesse est-elle si taboue qu'on veuille rester jeune le plus longtemps possible ?

Parce qu'à notre époque on associe la vieillesse à la maladie, au déclin, à la maison de retraite, à la mort. Parce que regarder une personne âgée, c'est se mirer dans un miroir vieillissant, parce que la beauté et la jeunesse, c'est beau.

Je ne cache pas mon âge, je ne l'ai jamais caché. Ça m'insulte quand des plus jeunes m'accusent de ne pas vouloir vieillir. Qui veut vieillir ? Qui veut faire partie d'un sous-groupe, avoir mal partout, être un poids pour la famille et pour la société, se rapprocher chaque jour de la mort ? Personne ne veut vieillir parce que personne ne veut mourir. Ce n'est pas que je refuse de vieillir, je ne suis pas sotte, je sais qu'on n'y échappe pas, mais je ne veux pas être catégorisée, mise à l'écart, « ghettoïsée », délaissée, jetée à la poubelle comme un yogourt périmé.

Il n'est pas surprenant que, dans une société où l'économie est prioritaire, les vieux non productifs soient négligés. La société dans laquelle on vit est cruelle pour les vieux, il n'y en a que pour la jeunesse. Pourtant, cette société est vieillissante et les gouvernements vont devoir reconnaître et admettre dans leur diversité cette nouvelle cohorte de vieillards. On fait partie de la société tant qu'on est vivant. Nous sommes bien plus que nos rides, nos petits bobos :

nous sommes des personnes à part entière. Parfois, on nous traite comme si nous étions en pièces détachées.

Le problème avec les vieux, c'est que le cerveau ne vieillit pas à la même vitesse que le corps. J'ai plein de projets que mon corps m'empêche de concrétiser, comme voyager, marcher, courir, faire à manger, danser. Oh que je m'ennuie de danser ! Je me console en me répétant que je suis en vie et que c'est tout ce qui compte.

La beauté

Je suis toujours étonnée quand je lis dans les magazines féminins des réponses à la question : « Qu'est-ce que la beauté pour vous ? »
  On parle alors d'intelligence, d'intériorité, de charme, de regard. Foutaise ! Ce n'est pas sur l'intériorité et l'intelligence qu'on se retourne dans la rue, c'est sur la beauté physique. Il existe une beauté du visage et une beauté du corps indéniables. De tout temps, les femmes et les hommes ont tenté de parvenir à cet idéal proposé dans l'Antiquité. La beauté est encore un but à atteindre. Le maquillage, le tatouage, les vêtements servaient et servent encore à embellir les humains et à « réparer des ans l'irréparable outrage ». La beauté du visage est et a toujours été un équilibre entre le nez, les yeux et le menton, un équilibre harmonieux que très peu de gens possèdent. Il en va de même pour le corps. Le *David*

de Michel-Ange, à Florence, en Italie, m'a éblouie par l'harmonie qui se dégage de ce corps nu. La beauté de la reine Néfertiti, que j'ai admirée devant un musée à Berlin, m'a troublée. Ces statues dont je parle n'ont pas de regard, mais elles sont belles d'une beauté mesurable et indémodable.

D'après Boucar Diouf, la beauté existe, et pas seulement dans les yeux de celui qui regarde. Il cite des études qui ont prouvé que les bébés par exemple vont vers les adultes les plus beaux. En adoption, les parents choisissent instinctivement les bébés plus conformes aux critères de beauté. De plus, il dit que les belles personnes se trouvent plus facilement du travail et ont un meilleur salaire que les autres. Le premier ministre du Canada, Justin Trudeau, est beau. C'est pourquoi il a fait la première page du *Paris Match*. Je sais que ce n'est pas sa beauté qui l'a fait élire, mais ça aide !

Ces critères de beauté, d'après Boucar Diouf, viendraient du temps de Cro-Magnon, où l'on devait faire des sélections pour assurer la survie de la race humaine. De grandes oreilles, un nez crochu – en somme, tout ce qui n'était pas la norme – étaient considérés comme dangereux et pouvant poser problème. C'est de là que nous viendrait cette affreuse habitude de juger la valeur des gens sur leur apparence.

Cette beauté parfaite, classique, symétrique ne court pas les rues. Les belles femmes et les beaux hommes dotés d'un physique frisant la perfection se retrouvent soit à Hollywood, soit dans les magazines, où on nous les propose comme modèles courants alors que ce sont des exceptions. Pas étonnant qu'on se trouve laide et mal faite si on se compare avec cet idéal et qu'on cherche sans cesse à corriger ce qui cloche avec les outils du temps, chirurgies et injections. Je ne critique pas les personnes qui font appel à cela. Elles ne sont pas pires que les femmes qui pendant des siècles portaient un corset avec baleines pour avoir la taille fine, les seins et les fesses rebondies. Mes tantes grassouillettes souffraient le martyre, étouffaient, ne pouvaient pas rire sans risquer de faire péter les baleines de leurs corsets. Je me souviens de mes cousines plus âgées qui, le soir, après avoir enlevé leurs corsets, se grattaient la peau avec délice.

Et puis, la fine taille a perdu de ses attraits, les femmes se sont tannées de souffrir, le corset a été remplacé par la gaine. « Ma gaine me fait mourir ! » a été le cri de millions de femmes qui se devaient d'avoir le ventre plat. C'était une autre lubie de la mode. La moindre petite bedaine était décrétée offense à la beauté, alors que cette gaine en caoutchouc ou autre matériel résistant était une offense à la sexualité. Je le sais. Je me souviens d'en avoir porté pour cacher mon petit ventre dû à mes jumelles. Si délacer un corset pour ensuite le dégrafer était considéré comme hautement érotique, se sortir d'une gaine collée à la peau par la transpiration tenait plutôt de la comédie burlesque.

Jusqu'à ce que je la perde, j'avais gardé une annonce du journal *La Presse* parue dans les années 1960 en juin, le mois des mariages. Je m'en souviendrai toujours. Ça disait :

Pour la jeune mariée
Gaine en caoutchouc avec fond amovible !

C'est la vérité.

De nos jours, pour être belle, pas de corsets ni de gaines, mais l'exercice et les régimes. Pour être belle, la chirurgie esthétique, les Botox et compagnie sont à notre service si on le désire. Je ne peux blâmer celles dont le métier est de projeter une belle image à la télévision ou au cinéma d'y avoir recours. Elles savent que les plus jeunes les poussent dans le dos, et que si elles offrent un visage trop ridé et des rondeurs trop évidentes, elles seront confinées aux rares rôles de vieilles et de grosses. Beaucoup d'actrices et certains acteurs font appel à la science cosmétique, pas pour être beaux, pour travailler plus longtemps. Et pourquoi pas ?

Et puis il y a les autres femmes, celles qui se regardent dans le miroir et y voient un visage déprimé alors que leur cœur est joyeux. Peut-on les blâmer de vouloir rétablir l'équilibre ? La chirurgie bien faite ne rajeunit pas de vingt ans, mais redonne au visage un air de santé. Oui, il y a des excès, des accidents, mais le sujet est tellement tabou que l'on parle surtout des ratés, mais jamais des cas réussis, et c'est la majorité.

Ça me fait penser au temps pas si lointain où il n'était pas important d'avoir une belle dentition. Un sourire édenté, un petit vieux pas de dents, c'était la norme. Les dentistes étaient des arracheurs de dents. On ne réparait pas une carie sur une dent, on enlevait la dent. Et quand les dents étaient toutes arrachées, vite un dentier et parfois deux. C'était même la mode d'offrir un dentier à son fils ou à sa fille à sa majorité. Et puis, petit à petit, les soins dentaires se sont améliorés. Les jeunes aujourd'hui ont des broches pour reculer, avancer les dents, les tasser, les séparer. On visite le dentiste tous les six mois pour faire détartrer un sourire et piéger la dent qui pourrait devenir malade. De nos jours, une belle dentition, ça va de soi, c'est tenu pour acquis, on ne la remarque même plus et on ne jette pas la pierre à ceux qui se payent un beau sourire ; c'est normal. On ne critique pas un monsieur aux dents alignées et blanches. On ne dit pas de lui : « C'est pas toutes ses dents. Combien d'implants il a eus ? Ça doit être un dentier, c'est trop parfait. »

Je prévois que la chirurgie esthétique et les autres soins de beauté seront banalisés d'ici cinquante ans autant que les soins dentaires le sont. Ce sera admis. Ainsi va le progrès. Personne n'aura plus à tenir secrètes ses rénovations, et tout le monde pourra même se vanter d'aller chez son médecin esthétique comme on se vante d'aller chez le dentiste.

La minceur

Être mince et souple est un autre idéal à atteindre. Je dis bien un idéal. Quelques personnes naissent minces et le restent. Peu d'entre nous ont cette chance. Je viens d'une famille de gros qui aiment manger. Double handicap. Chez nous, il y a quelques minces naturelles et les autres, c'est-à-dire toutes celles qui veulent l'être. Je comprends pourquoi nous voulons être minces à tout prix. Depuis notre jeune âge, nous sommes bombardées d'images de filles au corps parfait. Pourtant, on sait bien que les silhouettes filiformes sont des supports pour les vêtements destinés aux femmes. Ni leurs seins ni leurs fesses ne doivent attirer l'attention, qui doit rester sur le vêtement. Et nous voulons être des cintres à vêtements ? C'est insensé ! Heureusement, depuis quelques années, les femmes sortent de l'esclavage imposé par la mode, elles comprennent qu'il est idiot de tenter d'être toutes pareilles. Elles portent ce qui leur va bien, à elles, et non pas ce qui habille le mannequin de plastique qui de toute façon est plus maigre et plus grand que la femme moyenne.

Le jour où j'ai accepté mon poids hérité de la famille de mon père, je suis devenue légère. Mon chum m'aime comme je suis ; je l'aime comme il est. Il est mince, je suis ronde. On n'y est pour peu de choses. C'est génétique ! Et puis, quand on vieillit, vient un jour où on doit choisir entre son poids et son visage. J'ai choisi mes joues rondes, et au diable le reste. Je sais qu'il serait plus facile de m'habiller dans du douze ans que dans du seize ans, mais j'y arrive quand même. Terminé le comptage de calories, je mange ce que je veux, mais peu, pas par vertu, mais parce que je n'ai plus tellement faim, ne bougeant pas beaucoup. Moi qui jouais au yo-yo avec mon poids, je suis contente de voir qu'il est devenu stable. Il m'arrive de me trouver grosse, mais je chasse cette pensée en me rappelant mon martyre d'avant. Et je ne peux que trouver chanceuses celles qui ne sont pas gourmandes et qu'une branche de céleri excite autant qu'une barre de chocolat.

J'aime mon corps tel qu'il est. C'est lui qui me tient en vie. Je le respecte assez pour ne pas l'affamer.

L'âgisme numérique

Je lis sur la tablette électronique de mon amoureux – on en a une pour deux – que de plus en plus des services du gouvernement et d'autres organismes sont offerts sur Internet. En 2014, quatre-vingt-cinq pour cent des foyers québécois sont branchés[*] ; soixante-neuf pour cent des personnes âgées de soixante-quatre à soixante-quatorze ans ont accès à Internet. Selon Statistique Canada, soixante pour cent des Canadiens âgés entre soixante-quatre et soixante-quatorze ans, et seulement vingt-neuf pour cent des personnes âgées de soixante-quinze ans et plus avaient utilisé Internet en 2010[**].

Je crois que plusieurs de ces personnes âgées pourraient apprendre à se servir d'un ordinateur, d'une

---

[*] Cefrio, http://www.cefrio.qc.ca/netendances/equipement-branchement-foyers-quebecois/
[**] Statistique Canada, http://www.statcan.gc.ca/fra/quo/smr08/2014/smr08_191_2014

tablette ; je l'ai bien appris, moi qui suis dyslexique ! Il suffit d'avoir un professeur patient. Et je partais de loin, je n'avais même jamais tapé à la machine. J'écrivais mes textes à la main avec un stylo-plume Waterman à l'encre noire. Le changement a été radical. Je me félicite tous les jours d'avoir fait cet effort. L'ordinateur et la tablette me permettent de communiquer avec les membres de ma famille partout où ils se trouvent. Mes enfants m'envoient des articles à lire, des jeux à faire, et surtout, je communique avec mes petits-enfants, tous branchés. Je sais, je connais des vieux qui se vantent de ne pas vouloir se connecter à Internet. C'est qu'ils ont peur de ne pas y arriver. On peut apprendre jusqu'à sa mort. Ce n'est pas parce qu'on est vieux qu'on perd sa faculté d'apprendre. Les aimés apparaissent en personne ! Ça tient de la magie. Les grands-mères branchées ne sont jamais seules. Je parle des grands-mères, mais qu'en est-il des grands-pères pas branchés ? Se pourrait-il que l'orgueil y soit pour quelque chose, dans ce refus d'apprendre ? Vous ne savez pas ce que vous manquez, messieurs.

Hélas, les hommes, en vieillissant, ont plus tendance que leurs femmes à se replier sur eux-mêmes. Comme ils ont perdu le contrôle sur les autres, ils croient que ça ne vaut plus la peine de se forcer. Plus de cinémas, plus de sorties improvisées, plus de restaurants sous prétexte qu'on est mieux à la maison. Ils tombent souvent dans une routine rassurante pour eux, mais ennuyante pour leurs conjointes. La prochaine cible des fabricants de technologie devrait être les hommes âgés, pour les sortir de leur marasme. Pas étonnant que leurs femmes les quittent après trente, quarante, cinquante ans de vie commune.

Les femmes âgées en général sont plus sociables. Elles aiment sortir, voir du monde, étudier. Elles aiment se retrouver entre elles et partager le plaisir d'apprendre. Elles rient de leurs bévues et recommencent jusqu'à absorption des nouvelles notions.

À vos ordinateurs, mesdames et messieurs !

La sexualité des vieux

J'ai déjà entendu un baby-boomer dire :
— J'aimerais mieux mourir que ne plus bander.

Comme s'il n'y avait que ça dans la vie d'un homme, un pénis en érection. Comme s'il ne s'identifiait qu'à son pénis.

Je crois qu'il existe une surenchère de la sexualité chez les hommes. À les entendre, ce sont tous des bêtes de sexe. Même leurs réponses aux sondages sur leurs habitudes sexuelles sont exagérées. L'esprit de compétition et l'orgueil ! Il faut qu'ils soient non pas les meilleurs maris, mais les meilleurs amants du point de vue de la quantité et non pas de la qualité. Une fois à la retraite, ils se mettent à s'inquiéter de la raideur de leur pénis et plusieurs en font une obsession, ce qui déclenche à coup sûr une panne. Ce qu'on ne vous dira jamais sur les sites pornos, c'est que la femme souvent n'a pas besoin de la pénétration pour avoir du plaisir. Dans l'intimité, la femme s'accommode très bien de la tendresse, des caresses. Mais ce que veut l'homme, c'est gagner le concours du plus grand baiseur. Par rapport à qui ? Par rapport à des barèmes que la porno a inventés. Lorsqu'ils se comparent à ces super étalons choisis précisément pour la longueur et la durabilité de l'érection hors de l'ordinaire, il est normal que la moindre panne jette les hommes dans l'angoisse.

— Pas étonnant que je ne la désire plus, elle a tellement engraissé, maigri, vieilli...

À partir de quel poids, à partir de combien de rides une femme n'est-elle plus désirable ?

— Ça fait trop longtemps qu'on vit ensemble, je suis sûr qu'avec une autre je banderais.

Ils oublient que ça prend peu de temps à la nouvelle pour devenir ancienne.

Et le plaisir d'être ensemble, de la douceur de la peau, des caresses, des baisers, ça ne compte pas ?

Et puis, il insiste :

— Avec une plus jeune, ça serait nouveau, et le nouveau est excitant.

Pour conclure par :

— Sans pénétration, le reste ne m'attire plus.

Si on pouvait se dire librement ce qu'on attend sexuellement l'un de l'autre, ce dont on a besoin, on pourrait arriver à une entente qui plaît à tous les deux, mais hélas, j'ai remarqué que même les couples les plus évolués n'attaquent pas le sujet de la virilité du mâle. On parle rarement des problèmes érectiles de l'homme âgé. Même les annonces de Viagra s'adressent aux hommes de cinquante ans. Passé cet âge, les vieux ne sont pas censés avoir de désirs sexuels. Et chose curieuse, les hommes âgés qui laissent traîner une main baladeuse sur les fesses d'une jeune femme sont vite classés « vieux cochons ». On aurait mieux fait de les appeler « vieux refoulés ». Les gens âgés évolués n'hésitent pas à consulter des sexologues, dont c'est le métier de trouver des solutions aux inquiétudes sexuelles.

Entendu :

— Jamais mon mari ne va parler de « ça » à un homme. Il serait humilié, encore moins à une femme, ce serait pire. Alors il ne me fait plus l'amour, il me fuit de peur de se mettre en position d'être humilié par son pénis qui ne répond plus... qu'à sa main.

Ce dont les femmes âgées se plaignent le plus, ce n'est pas de ne plus être pénétrées, mais d'être privées de caresses et de tendresse, comme si seule la pénétration était une caresse. Valable pour l'homme. Comme si on ne pouvait pas faire l'amour avec un pénis mou. J'ai bien écrit l'AMOUR.

On parle de problèmes érectiles comme si le pénis devait être toujours au garde-à-vous, mais on oublie de mentionner que le désir est un appétit, et qu'il n'est pas toujours au rendez-vous. De plus, personne n'a la même faim. Il y a des personnes âgées qui ont encore un gros appétit, d'autres en ont moins et d'autres plus du tout. D'autres n'en ont jamais tellement eu. La sexualité des personnes âgées est un sujet si tabou que même les enquêtes les plus sérieuses ne peuvent nous assurer de la vérité.

Comme disait mon père : « On ne sait jamais ce qui se passe en dessous de la couverte ! »

Hommes ou femmes âgés, nous avons besoin de nouvelles manières de faire l'amour avec rides, bedon, panne d'érection, sécheresse vaginale et *tutti quanti*. Nous avons besoin de parler de la différence entre la sexualité des hommes et celle des femmes. À quand les cours de sexologie pour adultes ? À quand la vérité vraie ? Si un couple choisit de mettre le sexe de côté, c'est son droit, si les partenaires sont tous les deux d'accord, mais que dire des hommes qui arrêtent de faire l'amour parce que leur pénis ne répond plus au désir et qu'ils ne peuvent risquer cette humiliation ? Il ne faut pas oublier que certains médicaments contre la haute pression ou le cholestérol tuent le désir. Moi, je crois que les couples âgés doivent continuer à s'embrasser, à se caresser, à réveiller par des rapprochements physiques le désir qui dort. Les vieux ont encore plus besoin de caresses que les jeunes.

Que dire des personnes âgées célibataires ? Des femmes surtout.

Accepter de ne plus être jeune, ça peut toujours aller, mais accepter de ne plus être un être sexué…

Je constate que de plus en plus de femmes célibataires trouvent auprès de leurs amies la tendresse et quelquefois le plaisir sexuel dont elles sont privées, et elles ne deviennent pas lesbiennes pour autant. Et pas d'érection à surveiller. D'autres attendent encore la perle rare, le prince charmant qui les transformera en princesses. D'autres attendent leur moitié, celle qui d'après elles leur est réservée quelque part dans le monde. Elles attendent et perdent leur vie à attendre. Je ne crois pas qu'il y ait quelque part dans le monde le parfait *match*, la moitié qui fera avec soi un tout parfait. Je crois plutôt que l'amour après la passion ou sans la passion de départ est une œuvre à bâtir à deux, un projet de vie.

Je crois que, dans quelques années, les personnes seules se retrouveront ensemble volontairement, comme dans les communes des années 1970. Il vaudra mieux financièrement vivre à quatre, à six ou à dix dans une grande maison que de vivre seul dans un petit appartement. La vieillesse sera longue si on vit jusqu'à plus de cent ans. Je ne doute pas un instant que le choix actuel, vivre en résidence ou vivre seul, sera dépassé.

La santé surtout

Au jour de l'An, on ne se souhaite plus « le paradis à la fin de vos jours », mais la santé, surtout la santé. Et on a bien raison. Mais si l'on vit jusqu'à quatre-vingt-dix ans, il ne fait aucun doute qu'on contractera des problèmes de santé, cela va de soi. Les fameux petits bobos commencent sournoisement vers la cinquantaine.

Les questions qui obsèdent le quinquagénaire :

— Comment ça se fait que je suis plus comme avant?

— Comment ça se fait que je suis plus capable de déplacer le frigidaire comme avant?

— Comment ça se fait que je suis plus capable de veiller tard comme avant?

— Comment ça se fait que je supporte plus la boisson comme avant?

— Comment ça se fait que je fais plus l'amour comme avant?

— Comment ça se fait ? Comment ça se fait ?

Parce que tu vieillis, tout simplement, et que c'est tout à fait naturel et normal que le corps s'use. Parce que, avant, t'étais jeune ! Ces premiers signes d'usure préparent le cerveau à accepter l'inévitable, la vieillesse. Et, je ne le dirai jamais assez, la vieillesse n'est pas une maladie. C'est la chance qu'on a de vivre encore quand on n'est pas déjà mort. Moi, j'ai cette chance-là, et je m'en réjouis tous les jours. J'aurais pu mourir de la tuberculose ; je m'en suis sortie. J'aurais pu mourir du cancer du sein, d'un accident de voiture, d'avion, de la grippe, je suis vivante, et d'avoir la possibilité de m'occuper de ma santé est une grande faveur que la vie me fait, je l'apprécie. On dira que je suis égoïste, que je pense à moi, à ma santé. C'est vrai. Après tant d'années à penser aux autres, il est temps que je pense à moi.

Les années qu'il me reste à vivre, je les veux pleines et enrichissantes. Je suis à l'affût de ce qui peut m'aider à me sentir mieux. Je n'abuse de rien. J'essaie de prendre le moins de médicaments possible. Évidemment, je suis une femme et je n'ai aucune honte à avouer mes faiblesses physiques à mon médecin de famille, qui de plus est un homme que j'admire et que j'aime, le Dr Réjean Thomas, un homme bon et tendre, vulnérable et fort. Même s'il croit comme ma famille que je ne mourrai pas, je veux l'avoir près de moi à mon départ d'ici-bas.

Il m'a juré de m'aider à quitter la terre en douceur.

Les hommes meurent plus jeunes que leurs femmes, c'est un fait. Doit-on en déduire qu'ils sont plus fragiles de santé ?

Non, si les hommes meurent plus jeunes que les femmes, c'est qu'ils ont horreur d'aller chez le docteur. Mon père disait : « Je ne vais pas chez le docteur ; il va me trouver une maladie ! »

Un siècle plus tard, les hommes hésitent encore à consulter un médecin. Ils ne veulent pas savoir s'ils sont malades, ni se faire soigner s'ils le sont.

Ces superhommes virils ne consultent un médecin que s'ils sont poussés dans le dos par leurs femmes, mais c'est toujours à reculons qu'ils vont aux rendez-vous. Consulter, pour eux, c'est montrer leur vulnérabilité, leur faiblesse, alors il n'est pas étonnant que les hommes élevés à la dure refusent de se faire soigner une fois malades et refusent encore plus d'être suivis par pure prévention. La plupart des hommes repoussent le moment de voir leur médecin, négligent leurs suivis. Pas tous, mais beaucoup d'entre eux quand ils vieillissent.

— Tu devrais voir le docteur, mon amour, pour ton mal de dos.

— Ça va passer. C'est rien.

Ils répètent ce que la société leur a mis dans la tête depuis l'enfance : un homme ne se plaint pas, ne pleure pas, n'est pas malade !

Je dois admettre que de plus en plus d'hommes prennent soin de leur santé. Je ne parle pas ici des rats de gymnase qui s'entraînent moins pour leur santé que pour leur image. Ceux-là ne s'avouent jamais malades, mais s'ils le sont, ça barde.

Ça change, me direz-vous. Pas vite ! Ce qui n'a pas changé, c'est que, quand les hommes sont malades, ils le sont dix fois plus que nous. Tout le monde sait que la grippe attaque l'homme beaucoup plus durement que les femmes. Et que si la grippe d'homme est devenue un cliché, c'est parce que c'est vrai, trop vrai, si vrai. La science aura beau dire que la grippe ne fait pas de distinction entre les femmes et les hommes, elle se trompe. Pourtant, les hommes sont courageux, forts, ils sauvent des vies, mais ils faiblissent devant une petite aiguille qui rentre dans leur peau. Et que dire de leur peur du cancer de la prostate ? Les femmes ont compris très vite que pour éviter le cancer du sein il fallait passer une mammographie tous les ans après un certain âge. Demandez à un homme s'il passe son test pour le cancer de la prostate chaque année. Il invoquera toutes sortes de raisons pour ne pas y aller, mais évitera de parler de sa peur de la maladie et de la mort.

— Moi, ce n'est pas pareil, moi il s'agit de mon appareil reproducteur. C'est fragile, cette affaire-là !

Et pourtant, les seins sont des parties intimes fragiles et les femmes n'hésitent pas à se les faire triturer, écraser pendant la mammographie et charcuter s'il le faut. La santé avant tout ! Faut dire que les hommes n'ont pas, comme les femmes, une longue pratique de la douleur. Ils n'ont pas de menstruations douloureuses chaque mois, n'accouchent pas, alors au moindre bobo…

La peur de vieillir pour les hommes est liée à la perte de la force physique. Notre peur de vieillir à nous, les femmes, est liée à la perte de la jeunesse et de la beauté.

Est-ce mieux ?

La vieillesse n'est pas une maladie, mais un certain nombre de maladies peuvent surgir durant l'avancée en âge. Mais défense de parler de ses petits bobos. Si on ne sait pas passer par-dessus les souffrances, on agresse les autres en se plaignant constamment, et ils nous fuient comme la peste. Alors, on devient malade et… seul. Moi, je veux être vieille et entourée, donc je parle le moins possible de mes douleurs. J'aimerais ne pas avoir mes brûlures dans le dos quand je marche ou reste debout, mais je les ai et je dois les endurer sans trop ennuyer les autres. Ce n'est pas toujours facile, mais j'y arrive surtout quand mon esprit est occupé. Je n'ai pas mal quand j'écris, quand j'enseigne, quand je prépare des émissions de télévision, quand je suis invitée à la télévision ou à la radio. Une occupation passionnante, c'est le meilleur antidouleur. Parfois, quand je veux m'offrir un plaisir, comme faire des tartes ou faire le marché avec Donald, je suis prête à payer pour ce plaisir même si je sais que j'aurai mal.

Et puis quelle chance d'avoir une maladie qui n'en est même pas une! Mes disques sont usés par les années. Je ne mourrai pas de ça, paraît-il. Alors je m'estime chanceuse de ne pas avoir une vraie maladie.

J'ai décidé d'être de bonne humeur jusqu'à la fin et tant pis si j'ai mal.

— Mais est-ce que ça vaut le coup de vivre si vieux, dans ce cas-là?

Oh que oui!

Ça ne m'empêche pas par moments d'être découragée par mon impuissance à me déplacer, par ma dépendance à l'égard des autres. Je me permets parfois quelques secondes de tristesse que je déverse dans le cou de Donald et puis je me raisonne. Et je vis avec le sourire et mon handicap physique.

Je ne suis pas une sainte. C'est le résultat d'un long cheminement. Ça m'a pris des années à découvrir que le bonheur est un état d'esprit, une disposition, une décision. Je n'attends pas le bonheur, je le saisis quand il passe. On ne naît pas heureux, on le devient.

La pauvreté

Comme le dit si bien Yvon Deschamps, « on est mieux riche et en santé que pauvre et malade ». Si cette vérité de La Palice fait rire, c'est parce que, en général, le Québécois a une relation avec l'argent aussi complexe que celle qu'il a avec sa sexualité. Encore de nos jours, il est aussi tabou de parler de son argent que de sa sexualité. Qu'une personne ose dire « J'aime l'argent », elle sera vilipendée, surtout si c'est une femme. Il n'est pas beau d'avoir de l'argent, c'est comme si on l'avait volé directement dans les poches des pauvres. J'ai l'audace de l'affirmer : une vieillesse sans argent est une vieillesse triste. On connaît tous des personnes qui vieillissent sans le sou, en tirant le diable par la queue. On les plaint, on les critique un peu.

— Ils auraient dû s'en mettre de côté, jamais je croirai…

On ne voudrait pas que ça nous arrive et pourtant jamais la leçon ne porte ses fruits. Les jeunes croient qu'ils ne vieilliront pas, je le sais, j'ai déjà été jeune. Les images de fin de vie sans argent ne les touchent pas : ils ne vieilliront pas. Alors comment inciter les jeunes à penser à leur retraite, à mettre de l'argent de côté pour leurs vieux jours, puisqu'ils croient dur comme fer qu'ils resteront toujours jeunes ? Je ne peux que leur proposer des modèles de gens plus vieux et heureux parce qu'ils peuvent s'offrir des services, des loisirs, des voyages, une belle maison, etc.

En ce moment, l'image que la publicité donne de la vieillesse est associée souvent au golf, ou encore mieux, au golf dans le Sud. Le monsieur de l'annonce, s'il a des cheveux blancs, n'a pas l'ombre de poignées d'amour, la dame est mince et a un teint de pêche. Or, la majorité des personnes âgées prennent du poids. Ce n'est pas qu'elles se goinfrent, c'est qu'elles brûlent moins de calories en bougeant peu. Vous ne verrez jamais dans la publicité des vieux qui ressemblent à des vieux ordinaires. Et si on n'aime pas le golf ? Et si on n'a pas les moyens de jouer au golf et d'aller dans le Sud ? Si le modèle du bonheur est inatteignable pour la majorité des vieux, on fait quoi ?

Les retraités rêvent de voyages, paraît-il. Oui, ceux qui ont épargné, ceux qui en ont les moyens. Doit-on en déduire que l'argent fait le bonheur ? Je vais dire comme le dicton : « L'argent ne fait pas le bonheur, mais ça aide ! » L'argent procure un bon logement, une saine alimentation, des médicaments, des moyens de transport et bien d'autres choses. C'est l'argent qui permet de s'intégrer aux autres. Il en faut pour recevoir sa famille, la gâter, pour s'acheter des livres, voir des pièces de théâtre, aller au cinéma, faire du sport. Il faut de l'argent pour voyager, faire des croisières. L'argent est essentiel si l'on veut bien vieillir.

Je viens d'une génération où la pauvreté était bien vue et la richesse, soupçonnée d'être acquise malhonnêtement. « Heureux les pauvres, le royaume de Dieu est à eux ! », qu'on nous enseignait. C'est faux ! Les vieux qui n'ont comme revenu que leur pension de vieillesse ne peuvent s'offrir que le nécessaire. Pas de voyages ni de croisières pour eux.

Les pauvres de notre société sont surtout des femmes, des sans-abri, des dépendants du jeu, de la drogue ou de l'alcool et ceux qui ont décroché du système. Pour ceux-là, la vieillesse est un naufrage et ces nouvelles années de longévité ne sont pas un cadeau. La pauvreté isole. L'isolement entraîne les maladies de toutes sortes, et quand on est seul, on sent davantage ses bobos petits et gros. La médecine se focalise sur les grandes maladies de la vieillesse comme l'Alzheimer, le Parkinson, mais pas assez sur la pauvreté, maladie sociale qui tue un nombre important de nos vieux. La personne âgée pauvre est vue comme un fardeau de la société. On évite de la regarder, de la côtoyer. On ne veut rien savoir d'elle ni voir ce qu'elle vit. Elle nous projette l'image de ce qu'on ne veut pas devenir. Le miroir est insupportable à regarder. Alors on détourne les yeux, on fuit. De plus, l'espérance de vie augmentant en même temps que la pauvreté, le problème risque de nous éclater en pleine figure dans quelques années si on ne s'en occupe pas.

Mais qui doit s'occuper des aînés pauvres ?

La famille a tôt fait de mettre de côté la vieille ou le vieux qui n'a rien à donner, à offrir. Ça devient un membre inutile, bon à mettre aux poubelles comme tout ce qui ne sert à rien. Horrible, mais vrai.

Nos rapports intimes avec l'argent

Comme je le disais plus tôt, nos rapports avec l'argent sont aussi complexes et tordus que nos rapports avec notre sexualité. Au Québec, libérés du joug de la religion, on considère encore comme de mauvais goût de se déclarer riches, mais la grosse auto, la grosse maison, les vêtements griffés sont les signes ostentatoires de notre succès financier. D'un autre côté, si une personne riche ne montre pas sa richesse, c'est, d'après l'opinion des gens, qu'elle a quelque chose à cacher. Nous méprisons ceux qui exhibent leur richesse et pourtant nous serions fiers de posséder dans nos relations un richard qui nous promène dans sa grosse auto, qui nous invite dans sa grosse maison ou sur son gros bateau. Si un riche s'occupe de nous, c'est qu'on a de la valeur.

Dans ce monde supposément égalitaire, l'argent des femmes n'a pas la même odeur que celui des hommes.

Je suis toujours surprise quand des hommes riches glissent dans la conversation le montant de leur salaire annuel ou de leur fortune. Ils sont fiers de faire de l'argent, car cela représente la réussite et le pouvoir. Qui n'aime pas se coller sur une personne qui a du pouvoir, comme si ça pouvait déteindre sur l'autre ? Les quelques femmes qui, aujourd'hui, ont fait fortune auront-elles l'audace de se vanter de leurs revenus, chiffre à l'avant, comme savent si bien le faire les hommes ? Je n'ai jamais au grand jamais mentionné ce que je gagnais. J'aurais honte !

Le nouveau problème du couple est l'argent des femmes. De tout temps, les hommes ont été les pourvoyeurs, les femmes tendaient la main et disaient merci. Se peut-il que les rôles changent sans qu'il y ait du grabuge entre les hommes et les femmes ? Qu'arrivera-t-il quand ce pouvoir des femmes sera égal à celui des hommes ? Y aura-t-il une rébellion mâle ? Les hommes seront-ils capables de nous faire une place sur leur trône ? Une chance qu'il existe entre les sexes cet attrait irrésistible et viscéral qu'on appelle « amour » et qui sauvera le couple. Moi, mon rapport avec l'argent est tordu, je l'avoue. J'ai besoin d'en faire pour me prouver que je suis capable de gagner ma vie comme un homme, mais une fois l'argent à la banque, je m'en désintéresse. J'en ai même un peu honte, comme si je l'avais gagné malhonnêtement. Comme quoi on ne guérit jamais complètement des complexes acquis dans l'enfance. J'espère que les jeunes femmes auront une meilleure relation avec l'argent que moi.

La peur du changement

On passe sa vie à changer. Changer d'idées, de travail, de logement, de conjoint. Je me demande pourquoi une fois vieux on veut que rien ne change, que tout reste comme avant. Le changement est bon en soi, il apporte excitation, surprise et plaisir.

J'ai de nombreux exemples de personnes âgées qui se sont ouvertes au changement et qui s'en portent bien. Une connaissance de soixante-seize ans a quitté un mari destructeur et un gros train de vie pour se retrouver seule et libérée dans un petit appartement. Une amie s'est mise à la peinture à soixante ans et s'est découvert une nouvelle passion. Une veuve qui n'avait jamais travaillé à l'extérieur a découvert le plaisir de se sentir utile en faisant du bénévolat. Une autre a ouvert un magasin de cadeaux avec une amie et adore le commerce. Une veuve est allée vivre une passion avec une femme, après cinquante ans de mariage, une autre a ouvert sa maison devenue trop grande à trois étudiants. Une autre... Évidemment, il y a des risques au changement, mais rien ne nous empêche d'essayer de nouvelles avenues, de tenter l'aventure, de nous lancer dans l'inconnu.

Je connais les vieilles personnes, j'en suis une. On s'encrasse facilement dans nos habitudes. Changer de maison ? Trop de troubles. Changer de mode de vie aussi, changer d'idées ? C'est moins fatigant de garder ses vieilles idées, c'est certain, mais que c'est ennuyant ! J'ai pris des risques toute ma vie. Je suis partie d'une immense maison pour un trois et demie, etc. J'ai eu ma part d'échecs, mais j'ai eu des réussites aussi. En ce moment, on parle, Donald et moi, de changer la décoration de l'appartement. On passe du rotin au design ultramoderne. Je vais m'habituer. Les vieux, on s'attache à nos vieilles affaires, mais on peut changer, tout changer sans en mourir.

S'ouvrir aux autres, changer, prendre des risques est d'après moi une façon de rester jeune dans sa tête. Voyez comme les vieux artistes sont en forme. Ce n'est pas le travail qui tue, c'est l'inaction. Cependant, je reste persuadée que chaque personne doit choisir la vieillesse qui lui convient. Si elle veut regarder la télé du matin au soir, libre à elle. Si elle veut se promener de médecin en médecin, libre à elle. Si elle veut travailler jusqu'à sa mort, c'est son choix. Moi, il me faut de l'action ! Je refuse de n'être qu'un objet de soins médicaux. Je suis une femme, une amante, une mère, une grand-mère, une arrière-grand-mère, une tante, une amie. Je suis une auteure, une communicatrice, mais aussi, je suis une femme qui va mourir.

En attendant, je veux profiter de ce que la vie m'offre de changement jusqu'à mon dernier souffle. Vous me direz que je suis chanceuse d'être entourée, aimée, de n'avoir aucun problème financier. Je le suis, mais je connais des femmes aussi chanceuses que moi qui ont choisi de se définir comme des victimes ou qui ne sont jamais satisfaites de rien ni de personne. Je refuse de me définir comme une victime ou une insatiable. Un rien me comble de joie. Je mène ma vie. Je suis aux commandes de ma vie et je lui commande d'être heureuse, et je le suis.

Je me rends compte qu'en vieillissant je deviens accommodante et je m'adapte facilement aux nouvelles situations. C'est peut-être une des clés de ma « jeunesse ».

Les comédiens, mes amours

J'aime les comédiens ! Qu'ont-ils de si particulier pour que je les aime tant ? Ils ont besoin d'amour, comme moi. Comme moi, ils attendent que des masses de gens viennent remplir le vide affectif qu'une seule personne ne saurait suffire à combler. Ils doutent d'eux et seuls les applaudissements peuvent pour un moment les rassurer. Je dis bien « pour un moment ». Je suis toujours surprise que ce soient les plus grands acteurs qui doutent le plus, qui sont les plus humbles et qui acceptent le mieux les suggestions et en redemandent. Ils aiment incarner des personnages extrêmes afin de pouvoir explorer des émotions qu'ils n'oseraient pas explorer dans la vraie vie. Je fais de même quand j'écris des dramatiques. Je vais chercher en moi des régions inexploitées.

Et puis, ce que j'aime des comédiens, c'est que leur vulnérabilité n'a d'égale que leur ouverture d'esprit.

À dix-huit ans, quand j'ai rencontré mon ex-mari, j'ai senti cet immense besoin d'être rassurée sur son intelligence, sur son talent d'acteur. Et puis, j'ai rencontré les comédiens de l'époque, qui m'ont acceptée comme si je faisais partie des leurs. Ils m'avaient reniflée et avaient deviné que moi aussi j'étais une affamée à la recherche d'amour, une artiste, quoi.

Avec les acteurs et les actrices qui ont joué mes textes, j'ai des liens intimes, tenaces, indestructibles, des liens d'amour, pas sexuels du tout. On travaille passionnément ensemble, puis la vie nous amène ailleurs. On se rencontre au restaurant ou ailleurs, et c'est comme si on s'était vus la veille. Ces amours-là sont plantés dans le cœur, pour la vie. Ma liste de ces amours artistiques est longue. Je crois avoir été une bonne directrice de comédiens. Qu'est-ce qu'il faut que j'aie pris confiance en moi pour être capable d'écrire ça et qu'il me faut de courage pour écrire « j'ai été », comme si je ne l'étais plus, alors que c'est mon rêve de faire encore de la direction de comédiens ! Je crois que de diriger des acteurs pendant toutes les années de *Avec un grand A* m'a permis de connecter avec eux profondément. Dans le fond, je ne dirige pas, je nourris l'acteur. Je le rassure, je m'extasie de sa capacité à être quelqu'un d'autre. Je suis comme toutes les amoureuses au monde, je ne vois pas ses défauts, que ses qualités. Et ils me le rendent bien.

En 2013, à l'occasion de son souper-bénéfice, le théâtre Espace Go m'a rendu hommage. Sont venus parler de moi sur scène Élise Guilbault, Rita Lafontaine, Marc Messier, James Hyndman, Sylvie Léonard,

Rémy Girard et de nombreux autres avec qui j'entretiens des relations d'une tendresse infinie. Et puis, Guy A. Lepage m'a remis un diplôme de grand-mère. J'accepte avec infiniment de bonheur d'être sa grand-mère de remplacement. Martin, mon fils, ma fille Isabelle et Ghislaine Paradis ont joué une scène de *Quelle famille!* Ginette Reno a chanté pour moi. Mon amie de toujours, celle qui m'a montré à aimer les comédiens et à les diriger, Janine Sutto, était présente. Et tant d'autres... J'ai mis des jours à me remettre de cet ouragan d'amour.

Je suis chanceuse, direz-vous encore. Oui, mais j'ai risqué gros en écrivant et en dirigeant des dramatiques qui sortaient des normes. Et si je m'étais trompée? Et si Radio-Québec avait décidé de mettre autre chose le vendredi à ma place? C'est d'ailleurs ce qui est arrivé quand Radio-Québec a fermé la section dramatique et que je me suis retrouvée sans travail avec mon décorateur de chum.

J'ai eu des succès et aussi des échecs, ce qui ne m'empêche nullement de récidiver. Au moment où j'écris ce chapitre, j'attends une réponse d'un réseau de télévision. Sera-t-elle positive ou négative? Positive, je me mets au travail. Négative, je cherche un autre projet.

Finalement, je pense que j'aime les comédiens parce qu'ils savent résister aux incertitudes, aux rejets. Ce sont des battants, comme moi.

Les nouveaux grands-parents

Je n'ai connu que ma grand-mère paternelle et mon grand-père maternel, et encore, ils étaient déjà vieux. Je n'ai pas été très intime avec eux. Ils semblaient fatigués d'avoir élevé de grosses familles. Amers de se retrouver à la merci de leurs enfants. Ils étaient grognons, pas très aimants avec les plus jeunes, tannés. Pépère, avec sa barbe jaunie par sa pipe de plâtre, mémère, avec sa robe noire et sa tresse blanche qui encadrait son visage plus ridé qu'une vieille pomme, inspiraient le respect et la peur. Quand ils parlaient, c'était parole d'Évangile. On n'a plus les grands-parents qu'on avait et… c'est tant mieux. De nos jours, les grands-parents sont jeunes, ils s'entraînent, sortent, voyagent, regardent les mêmes émissions de télévision que leurs petits-enfants et ont les mêmes loisirs que leurs enfants. Ils s'habillent dans les mêmes magasins ;

on les distingue à peine des autres membres de la famille.

Nos adolescents ont quelquefois jusqu'à huit grands-parents, sans parler des arrière-grands-parents, ceux de cœur et ceux de sang. Ces nouveaux grands-parents non traditionnels ont leur vie à eux. Et il arrive que garder les petits-enfants n'entre pas dans leur plan de match. La Floride l'hiver est remplie de grands-parents qui ont choisi leur santé, leur plaisir. Ils se sont choisis, eux.

En revanche, ils sont de bonne humeur, taquins, aiment jouer. Ce sont eux qui offrent les cadeaux dispendieux, qui emmènent les petits-enfants au théâtre, au musée. Qui achète les livres jeunesse ? Les grands-parents ! Comme ils n'ont pas à les élever, ils ne se privent pas de les gâter. En retour, les enfants n'hésitent pas à se confier à eux.

Bienvenue à la nouvelle génération de grands-parents ! Tout change : les mœurs, le couple, la paternité, pourquoi la grand-parentalité ne changerait-elle pas ? Les nouveaux grands-parents servent d'ancrage, de référence, parfois de bouée de sauvetage aux adolescents. Ils ont une plus grande faculté d'écoute que les parents, ayant plus de temps à leur disposition. Comme ils ne dictent pas de ligne de conduite – ce n'est pas leur rôle –, ils s'efforcent de comprendre sans juger, donc ils sont plus tolérants, plus disponibles aussi et, ce qui ne nuit pas, plus en moyens que les parents. Ils sont dans la vie : ils ne la regardent pas passer comme les grands-parents d'avant. S'ils ne connaissent pas toute la musique des jeunes, ils ne la condamnent pas. Par leur implication amicale, ils participent à l'équilibre de la famille. Les enfants « bardassés » par les séparations et les divorces savent que mamie et papi sont là pour eux. C'est du solide! C'est le point de repère dans le tourbillon de la vie d'aujourd'hui.

J'ai été grand-mère à cinquante ans. Quel cadeau! Je m'estime très chanceuse d'avoir huit petits-enfants et trois arrière-petits-enfants. Je sais ce que je représente: la continuité stable. Je suis là s'ils ont besoin de moi. Curieusement, je ne donne pas de conseils à mes petits-enfants, mais j'ai mes limites et ils les connaissent.

Chez nous, tout est rituel: la fête de Noël, la distribution de cadeaux qui n'en finit plus, ma fête qui réunit toute la famille à la cabane à sucre, les lancements de mes livres, auxquels ma maison d'édition les invite, les *partys* au chalet, où tout doit se dérouler comme dans leur enfance – la collation à trois heures, la baignade à quatre, le tout suivi d'un sauna. Et le barbecue debout, comme lorsqu'ils étaient petits. Je vous explique. Une table, un barbecue. Pas de chaises. Une fourchette, des petites serviettes de papier. Tout le monde debout. D'abord, comme entrée, de grandes tranches de salami grillé qu'on va saucer dans le lac pour les rendre croustillantes, un énorme morceau de viande bien épais dans la palette, des patates pelées coupées en deux et cuites dans le papier d'aluminium dans la braise, une salade verte. Pour dessert, un petit pet de ma tante Magella, la femme de mon père (petit pet qu'on appelle aujourd'hui *cupcake*). Le chef, en l'occurrence Donald, est au barbecue. Quand le rôti de palette est cuit, il le dépose entier sur une planche de bois et coupe des tranches fines que chacun des enfants récupère avec une fourchette ou avec ses doigts et savoure debout. Les patates, la salade se mangent à même le bol, avec les doigts. Pas d'assiettes, pas de couteaux, que des serviettes de papier. Cette façon de faire me vient de mon père et je continue la tradition. La soirée se termine avec un canari, eau chaude et citron, dans chacune de leurs tasses préférées.

On pourrait penser que les jeunes ne veulent que du nouveau, de l'inédit. Ils ont besoin de rituels pour se situer dans la famille, pour savoir qui ils sont, d'où ils viennent. Les rituels sont rassembleurs et détendent les relations familiales, et en plus, ils créent des liens entre les membres de la famille élargie.

Je prends mon rôle au sérieux. Je sais que je suis importante en tant que grand-mère pour ma descendance. Dans les grandes entrevues que j'ai faites, mes invités parlaient à peu près tous de leurs grands-parents, du rôle primordial qu'ils avaient joué dans leur vie.

La famille n'est plus ce qu'elle était, me direz-vous. Rien n'est pareil et c'est normal. La famille n'est pas malade, elle est différente. Nous devons nous adapter, nous aussi, aux changements. Mon père disait : « Si t'embarques pas dans le petit char qui passe, tu vas rester sur le trottoir. » Mon père ne savait pas que son gros bon sens, comme il appelait sa sagesse, le suivrait après sa mort et que, non contente de m'en régaler, je le partagerais avec mes lecteurs. Faut pas s'enfler la tête, mais nous, les grands-parents, tissons un réseau de tendresse autour de la famille. Nous en sommes les piliers. Les nouveaux grands-parents doivent savoir qu'ils n'auront de l'amour que s'ils en donnent. Cet amour, comme toutes les autres, n'est pas automatique, ni d'un côté ni de l'autre. C'est une relation qui se bâtit sur la générosité des grands-parents. Au départ, c'est du donnant, donnant. Quand naît le premier petit-enfant, on donne du temps, des cadeaux, des bisous, des câlins et, en retour, il court vers nous quand on arrive, nous tend les bras : « Ma belle mamie, mon beau papi. » On voudrait, il y en a qui le croient, que ça dure toujours. Hélas, à l'adolescence, les amis remplacent les grands-parents. Les petits-enfants sont polis, mais distants. Ils donnent de moins en moins de bisous. J'en connais qui n'en font pas du tout. On commence donc à donner sans espoir de retour et ce sera ainsi jusqu'à notre mort.

Le truc pour ne pas trop souffrir de cet amour à voie unique, c'est de ne pas avoir d'attentes et de prendre ce qui passe. Un bec un jour, un coup de téléphone un autre jour...

Moi-même, je n'ai pas donné à mon père le quart de ce qu'il m'a donné en affection, en tendresse, en aide matérielle. Alors ce que je n'ai pas su donner à mon père, je le donne à mes enfants, qui eux le donneront à leur tour à leurs enfants.

Combien de grands-parents se sentent mis de côté parce que leurs petits-enfants après l'âge de dix ans sont super occupés et n'ont plus de temps à passer avec eux ?

Il ne faut surtout pas leur en vouloir ni le « prendre personnel ». Ils font ce qu'on a fait à nos parents : se détacher de la famille pour se construire une identité propre.

N'empêche, il n'y a pas que les parents qui regrettent le temps des caresses et des bisous, les grands-parents aussi font le deuil de l'ère du donnant, donnant, qui dure dix ans environ. Les grands-parents qui s'attendent à de la reconnaissance seront déçus. Mieux vaut donner sans rien espérer en retour. Ça s'appelle de l'amour inconditionnel.

« Je t'aime, pas à la condition que tu m'aimes et que tu me le montres, je t'aime sans condition… » Ce qui ne m'empêchera pas de sauter sur toutes les marques d'amour et de les savourer, non pas comme un dû, mais comme un cadeau.

J'ai aimé être parent, j'ai adoré être grand-mère, et le fait d'être arrière-grand-mère, c'est un cadeau de la vie. Un jour, j'étais assise avec mes trois arrière-petites-filles sur le sofa et j'ai senti m'envahir une boule d'amour qui m'étouffait presque. Ça vient de moi ! Ces belles filles, intelligentes, épanouies, aimantes, souriantes viennent de moi.

La bouffée d'amour a éclaté. Je me sentais remplie d'une grande chaleur à l'intérieur. J'ai rarement éprouvé une telle fierté. Je les ai serrées fort et je leur ai soufflé : « Je vous aime. » Et j'ai continué à leur lire *Alice aux pays des merveilles* dans le même vieux livre dont je me servais avec mes filles, mon fils, mes petits-fils et petites-filles.

Ma famille est un arbre, je suis le tronc, ils sont les branches et les feuilles. Et ça, c'est du solide.

Une réunion de Tamalou

Il est midi, je mange seule à un petit resto du Quartier latin. Je repasse mes notes pour le cours de l'après-midi quand trois vieilles dames s'installent derrière moi. Quelle chance, je vais pouvoir écouter ce qu'elles disent et prendre des notes pour mon livre sur la vieillesse !

— Ouf, je pensais jamais monter les marches. Une chance que tu m'as poussée dans le derrière. Merci, Linda.

— Mais t'as mal où ? (Tamalou)

— Partout. Depuis que j'ai pogné le soixante-et-dix, il n'y a pas un pouce de ma personne qui ne me fait pas mal. Avant, je sentais pas mon corps, mais là, il est présent, partout. J'ai les genoux mous… Explique ça au docteur, toi. Je pense qu'il aimerait mieux que j'aie un cancer, ils aiment ça, c'est clair, mais le genou mou… Toi, ma Loulou, t'as mal où ? (Tamalou)

— Ma pression ! Ma docteure voudrait que je maigrisse. J'ai dit : « À mon âge, on n'a plus de petits plaisirs de la chair, je vais pas me priver de manger. » Heille, regarde, elle, elle est maigre comme un céleri, elle me choque assez. On a pas assez d'être vieilles et malades, faudrait se priver de manger en plus.

— Toi, Rita, t'as mal où ? (Tamalou)

— Moi, Dieu du ciel, c'est le cœur. C'est dans la famille. Une contrariété, le cœur se met à me pomper. Il faudrait que je fasse de l'exercice, faut-tu être tata, me dire d'aller au gym à quatre-vingt-neuf ans ! Il est malade, le docteur.

Une jeune serveuse se présente à leur table.

— Qu'est-ce que je peux vous servir, mesdames ?

— Une tarte aux pommes avec deux boules de crème glacée. Je mange léger le midi.

— Un *grilled-cheese* avec bien du bacon *on the side*.

— Je vais prendre le macaroni avec… une salade, pour faire plaisir à mon docteur, puis une tarte au sucre, mais pas de crème glacée. Je suis raisonnable.

— Moi… je pense que je vais prendre juste un Coke, je suis au régime.

La serveuse partie, j'entends un long soupir, puis deux autres. Je pense que la conversation va changer de sujet, mais non.

— C'est pas le pire. Avez-vous ça, des fuites ? L'envie te prend, tu peux pas te retenir. C'est comme si tu perdais tes eaux avant d'accoucher. Ça te coule sur les jambes. T'as honte !

Un silence. Le ton baisse, je dois tendre l'oreille.

— Moi, c'est pas des fuites de pipi, c'est des fuites… de pets. Je sors du métro puis prout, prout, prouttttt, je peux pas retenir le bruit. Je fais semblant de rien, mais je sens les yeux du monde qui me suivent. J'ai honte.

Le ton baisse encore d'un cran. Je rapproche ma chaise.

— Moi... je sais pas si je peux vous dire ça, mais je le dis pareil, moi, je rote, sans arrêt. Maudit Coke, ça fait roter. Je fais du reflux gastrique, c'est l'âge. Si vous avez honte, je sais pas ce que j'ai, moi.

Le ton baisse encore plus, tellement que je ne peux plus suivre la conversation. Je regarde l'heure. Je vais être en retard. Je referme mon cahier de notes, je mets l'argent sur la table et me lève pour partir, je passe devant elles, elles me reconnaissent et me saluent. Je sens qu'elles reluquent ma canne, alors je me mets à leur raconter mes disques usés, mes douleurs dans le dos, ma perte d'appétit, la brûlure dans ma jambe droite. Je deviens sans m'en apercevoir membre du club sélect des Tamalou.

Pour les vieux, la maladie est un sujet aussi intarissable, aussi riche et aussi rassembleur que la météo ou la politique. Je sors du restaurant fâchée de ma faiblesse. Je m'étais pourtant juré de ne pas être une Tamalou.

Parler de ses maladies, c'est une façon de parler de soi. Et quand on vieillit, beaucoup de femmes n'en ont pas souvent l'occasion.

Les vieux en couple

Les couples vivent plus longtemps que les célibataires, paraît-il. Se confier à une personne aimée renforcerait le système immunitaire, et les couples âgés feraient plus attention à leur santé. La femme forcerait son conjoint à mieux s'alimenter, à faire de l'exercice, à consulter en cas de maladie. De plus, chacun titillerait la mémoire de l'autre, l'inciterait à lire, à sortir, à voir des gens, donc à avoir une meilleure hygiène de vie. Mais cette longue vie à deux est parsemée d'agacements, de compromis, de négociations, et je comprends que certaines personnes âgées, des femmes surtout, préfèrent vivre sans partenaire. Moi, je suis bien en couple, mais il faut que j'aime l'homme avec qui je suis, que je l'aime d'amour. Jamais je ne resterais en couple seulement pour éviter de vieillir seule. Notre vie à Donald et à moi est simple, souple, et pleine de tendresse. On se fait plaisir mutuellement, on s'aide chacun à notre façon. On prend grand soin de notre relation. C'est notre priorité.

Il existe quatre grandes crises dans la vie d'un couple, selon moi.

La première crise : passer de la vie de couple à la vie avec un bébé.

La deuxième crise : la fameuse crise de la cinquantaine, appelée démon de midi, où on remet son couple en question et où on a des envies de se prouver qu'on peut encore séduire, où on se demande si on est avec la bonne personne, s'il n'y a pas quelque part un meilleur parti, si la famille, c'est bien ce qu'on a voulu.

La troisième crise : quand les oiseaux sont partis du nid et qu'on doit trouver une façon de reprendre la vie à deux.

La quatrième crise : la retraite.

Vingt-cinq pour cent des couples se séparent à la retraite[*].

La retraite offre au couple de multiples options. Soit on se sépare et on tente de trouver une autre personne pour finir sa vie. Ça marche, mais pas toujours. Soit on se sépare et on finit sa vie seul. Si on n'est pas doué pour la vie à deux, c'est peut-être la bonne solution. Soit on reste en couple parce que c'est plus pratique, moins de troubles, moins dispendieux. Hélas ! C'est le cas pour la majorité des couples. Quelle tristesse ! Rester ensemble juste pour avoir quelqu'un avec qui vieillir n'est pas la meilleure option.

---

[*] Dr Yves Lamontagne, *Une retraite épanouie, trucs et conseils pour s'y préparer*, op. cit.

Soit on choisit d'être heureux à deux et on fait tout ce qu'il faut pour l'être, même en se faisant aider, s'il le faut, de psychologues, de sexologues et de petites pilules bleues.

Donald et moi avons choisi de vieillir ensemble dans l'amour. Ce choix fait, il reste à atteindre notre but. C'est facile finalement. Plus facile que je pensais. Il s'agit tout simplement de se parler, de s'écouter, de s'organiser pour être heureux.

Bien sûr, on peut choisir de vivre seul. Je connais des personnes à l'aube de la soixantaine, les prévieilles, qui après de longues années de vie de couple vivent seules et sont heureuses.

Curieusement, ce sont des femmes actives qui ne sentent plus le besoin d'avoir un homme dans leur vie. Ah, s'il leur en tombait un du ciel, un parfait, qui leur arracherait la robe sur le dos et la raccommoderait le lendemain, là peut-être... et encore. Pour elles, avoir un amant, c'est bien, mais un homme à demeure, pour quoi faire ? Souvent ces femmes ont été blessées en amour et ne veulent pas risquer une autre blessure. Je comprends. Je suis à cent pour cent pour la liberté de choix des femmes.

Les hommes, eux, se remettent en couple très vite après un divorce ou un décès. Ils vivent plus longtemps à deux, surtout si la femme est plus jeune et peut ainsi prendre soin d'eux plus longtemps. J'en conclus que les hommes ont plus besoin des femmes que nous avons besoin d'eux.

Je connais de vieux couples qui restent ensemble pour avoir quelqu'un avec qui se chicaner. Un dit noir, l'autre dit blanc. C'est à qui aura raison. Leur bonheur se limite à une lutte de pouvoir. Ce qui pour moi est de l'engueulade est pour eux une façon de communiquer. Leur vie est une guerre perpétuelle dont ils ressortent tous les deux blessés. Ils s'aiment à coups de gueule.

Il y a longtemps que j'ai cessé de vouloir avoir raison. Je suis tout à fait capable de dire « T'as raison ». Je me demande souvent lors d'une discussion avec mon amoureux : « Qu'est-ce que je veux ? Être heureuse ou avoir raison ? »

Je choisis le bonheur. Je ne veux plus d'une vie houleuse. Je ne saurais vivre sans politesse, sans mots tendres, sans respect mutuel. Une longue vie à deux se doit d'être douce et souple, et bardée de prévenances et de caresses.

Le couple heureux dans ses vieux jours travaille à garder sa relation intacte même pendant les discussions. Sa priorité, ce n'est ni lui ni elle, c'est la relation. Ce travail apporte la sérénité, le calme, la paix. Ce travail donne des résultats à condition que les deux y mettent du bon vouloir.

Rien de plus triste qu'un couple de vieillards qui se détestent et restent ensemble pour ne pas séparer l'argent ou la maison qu'ils ont acquis à deux. Plus triste encore est le couple que le déclin physique empêche de sortir, de voir du monde. Il se replie sur lui-même, à l'écart de la vie. Cette attitude est souvent le fait des hommes. Valorisés surtout par le travail, eux si puissants, si forts, ils éprouvent de la honte à être sourds ou incontinents, à manquer d'équilibre, ou encore, à avoir des troubles de mémoire. Cette honte va plus les isoler que les véritables bobos dus à l'âge.

Enfin, je crois sincèrement qu'on peut arriver à être un vieux couple heureux si on le veut tous les deux très fort et qu'on y travaille constamment.

La résilience

Boris Cyrulnik définit la résilience comme la capacité à vivre, à se développer en dépit de l'adversité. C'est une vision positive de la condition humaine, axée sur les ressources des personnes. Comme l'adversité se multiplie avec l'âge – les deuils, les pertes physiques, l'isolement, les maladies –, il faut beaucoup de résilience pour vivre heureux en attendant la mort.

Conversation avec une connaissance de mon âge :

— Moi, je n'ai pas ça, de la résilience.

— Si vous vous êtes rendue à votre âge, c'est que vous en avez.

— J'en ai plus. Je suis plus capable de rebondir : trop vieille. Qu'est-ce que vous faites pour en avoir, vous ?

— J'accepte de vieillir. Ça ne veut pas dire être contente de l'être. Personne n'aime ça, mais j'essaie de ne pas nier que je vieillis. C'est un fait ! Le miroir reflète constamment mon mou, mon plissé, mon ridé, ma démarche claudicante, ma canne. Je constate le fait que je suis vieille. Et me vient immédiatement le réflexe de penser : « MAIS JE SUIS VIVANTE ! » Mes amies de cœur, Clairon et Isabelle, sont mortes et moi je vis. J'ai la chance de vivre ! Je suis souffrante, mais pas mourante. Je peux encore me lover dans les bras de mon amoureux. Je peux même me laisser aller à être triste avec lui. On s'aime. Quelle chance j'ai ! Je pourrais continuer pendant des pages et des pages la liste de ce que j'ai de beau et de bien dans la vie. Cette liste, je me la répète tout haut quand j'ai un tourment, une douleur.

— Moi, je me plains.

— Pour être résiliente, il est essentiel de faire un bilan de ses avoirs psychologiques et physiques et de le consulter chaque fois que la déprime nous prend. En faire une liste, l'épingler à côté du miroir de la salle de bain. Je suis vieille, mais vivante et j'ai tout ça ! Wow !

Je fais des projets. Je ne suis pas folle, je sais que peut-être je ne les réaliserai jamais, mais peut-être que si. Je mise sur le peut-être plutôt que sur le jamais. Et puis j'ai donné un sens à ma vie : la transmission de mon savoir. Je ne vise pas à transformer la vieillesse en partie de plaisir, mais si je peux donner de l'espoir à une seule personne...

Je crois qu'il est essentiel au grand âge de donner un sens à sa vie, que ce soit de tenir la famille ensemble, de devenir peintre, de découvrir la Russie, d'apprendre le chinois, d'écrire sa biographie pour ses enfants, de faire du bénévolat, de se mettre en forme... Avoir un but et le poursuivre donnent du sens à la fin de la vie, et ça rend heureux !

— Mais comment on fait pour avoir de la résilience ?
— Pour que je développe ma résilience, au fil des ans il a fallu des rencontres avec des gens positifs, des modèles. Il m'a fallu lire de nombreux ouvrages sur le sujet, des biographies pour voir comment les grands et les petits de ce monde ont réussi à être heureux malgré leurs déboires.
— J'en connais pas de vieilles heureuses.
— Je suis une vieille heureuse. Ça ne veut pas dire que je ris tout le temps, que je ne me plains jamais de mes douleurs, que je ne me chicane jamais avec mes proches, que je ne regrette pas le temps où je pouvais porter des talons hauts, le temps où je digérais tout ce que je mangeais. Quand arrive une contrariété, un obstacle ou un malheur, je me donne une minute ou deux pour déprimer. Je confie à mon amoureux ce qui ne va pas, et une fois ma contrariété exprimée, le mécanisme se déclenche et le *spring* que j'ai dans le derrière, dixit mon père, me projette hors de ma déprime. Je regrimpe la côte.
— Oui, mais se plaindre, ça fait du bien.
— Il me reste trop peu de temps à vivre pour le passer à me plaindre. J'aime mieux être de bonne humeur. J'ai passé vingt ans avec une mère malade qui se plaignait, j'évite de tomber dans le *pattern*.
— Ça s'apprend vraiment, la résilience ?
— Ça se pratique, et à force de pratiquer, ça devient un mode de vie.

Mon plus grand talent

J'écris assez bien, en tout cas je sais raconter une histoire. Je cuisine assez bien, mais à bien y penser, mon principal talent, c'est l'écoute. Depuis toujours, je m'intéresse à ce que les autres disent et pensent. Les autres m'attirent, me fascinent. Ce n'est pas de la curiosité, c'est de l'intérêt. La nature humaine est le matériau dont je me suis servie toute ma vie pour écrire. Mon intérêt a commencé lorsque, fillette, je regardais passer les gens sur le trottoir par la fenêtre de la chambre de mes parents. D'où venaient-ils et où allaient-ils ? Plus tard, j'ai lu toutes les lettres du « Refuge sentimental », un courrier du cœur que je tenais dans un hebdomadaire très populaire, *Le Petit Journal*. Pendant dix-sept ans, j'ai appris la vraie vie de ceux et celles qui se confiaient à moi par lettre. J'ai essayé de comprendre pourquoi certains sombraient dans les malheurs alors que d'autres s'en sortaient plus forts, grandis. Plus tard, dans les émissions que j'animais, comme *Janette veut savoir* et *Parler pour parler*, j'ai continué à découvrir la vie de mes invités. Ce sont les autres qui m'ont permis de devenir ce que je suis : une personne qui porte le moins souvent possible de jugements et qui a appris comment vieillir avec « sagesse ».

Parlons-en, de la fameuse sagesse. Devient-on sage automatiquement quand on reçoit sa carte de vieillesse ?

Personne ne veut passer pour sage au sens de tranquille, de silencieux, d'ennuyant. Quand on me demande si je suis devenue sage en vieillissant, je réponds :

— Je sais plus de choses, c'est certain, mais j'ai encore droit à l'erreur. Je me donne le droit de faire quelques folies, quelques excès, de dépasser ma pensée, de dire et de faire quelques conneries, des actes déraisonnables. J'ai le droit de me tromper. Ma sagesse, c'est d'avoir découvert ce qui est important pour moi dans la vie et ce qui ne l'est pas. Ma sagesse, c'est de favoriser ma relation avec mon conjoint plutôt que de gagner lors de petits conflits conjugaux. C'est de garder ma relation familiale tricotée serrée malgré de rarissimes divergences de vues, des agacements mineurs. Ma sagesse, c'est d'aimer mon corps même si des fois il me pèse et que je le trouve laid. Ma sagesse finalement... c'est de m'aimer telle que je suis. Je ne réussis pas tous les jours, mais j'essaie et je fais de mon mieux.

J'ai découvert qu'on ne peut pas écouter les autres quand on cherche à avoir raison. Au lieu d'écouter, on s'efforce de trouver l'argument qui prouvera notre supériorité. Écouter pour de vrai, c'est être capable de se mettre à la place de l'autre, c'est le regarder dans les yeux, se taire et accorder son attention, puis admettre que l'autre a peut-être raison.

Il me reste tant de choses à apprendre sur la nature humaine que j'en ai au moins pour dix bonnes années… à écouter.

Ce qui est fait est fait

De tous les conseils reçus de mon père, celui-ci est si précieux, si utile que je me dois de le partager.

Chaque fois que je disais « J'aurais donc dû », mon père me répétait « Ce qui est fait est fait ». C'était sa façon à lui de me signifier que les regrets ne servent à rien quand il s'agit d'événements passés, auxquels on ne peut rien changer.

— J'aurais donc dû régler mes comptes avec mes frères avant qu'ils meurent.

— J'aurais donc dû questionner ma mère sur son enfance.

— J'aurais donc dû ne pas devenir enceinte tout de suite en me mariant.

Et puis, il y a les autres regrets, du style « J'aurais pas dû ».

— J'aurais pas dû me marier si jeune.

— J'aurais pas dû me chicaner avec mes frères.

Ressasser les regrets, ça donne des rides et des bouches plissées.

J'oubliais le « Si j'avais su ».

— Si j'avais su, je ne me serais pas mariée, je me serais séparée avant.

— Si j'avais su, j'aurais quitté ma job.

— Si j'avais su...

Ces « Si j'avais su » sont, paraît-il, le sujet de conversation qui revient le plus couramment dans les réunions de famille. Hélas ! parler de regrets nous entraîne dans une spirale négative. C'est du contrôle après coup.

Quand ça m'arrive de tomber dans la spirale négative, je fais appel à la phrase de mon père et elle me ramène sur terre. « C'est fait, c'est fait. » Et je m'efforce de ne pas revenir sur le sujet.

Les perfectionnistes qui ont une peur terrible de se tromper se flagellent de regrets. À eux et à tous ceux qui cultivent ce que Victor Hugo appelle « le bonheur d'être triste », je suggère de vivre dans le présent. Je ne parle pas ici des regrets qui mènent aux excuses, au pardon, ceux-ci sont bénéfiques et je ne m'en prive pas. Je ne compte pas les « Je m'excuse » qui sont sortis de mon cœur par ma bouche, il y en a trop. Avouer qu'on s'est trompé, qu'on s'excuse fait autant de bien à l'autre qu'à soi.

Je vous préviens, ce n'est pas facile de passer de la frustration, de la culpabilité, de la dévalorisation à l'acception de la vie telle qu'elle est, de passer de la douleur du passé à la sérénité du présent, de passer de la pensée négative à la pensée réaliste : ce qui est fait est fait !

Le regret n'est pas du remords. Le remords est le regret d'actions ayant nui à autrui.

Le meilleur moyen de ne pas avoir de regrets, c'est de vivre dans le présent et de se donner le droit à l'erreur.

Donner pour recevoir

Je parle ici de donner de l'amour pour en recevoir. Tout le monde veut être aimé. Si on demandait à chaque être humain du monde entier ce qu'il veut vraiment, en priorité, je suis certaine que chacun dirait : « Je veux être aimé. » Or, on ne peut pas être aimé si on est incapable de donner de l'amour. L'amour attire l'amour. Parce que j'avais une mère froide, j'aurais pu suivre son exemple. J'ai su très jeune que la froideur éloigne les gens et que la chaleur les attire, j'ai donc choisi très tôt d'être différente d'elle et de prendre exemple sur mon père en donnant aux autres de l'affection, de la considération, de l'amour. En amour comme en amitié, je tente d'être généreuse de mon temps, de mon attention, de mon écoute. Comme je n'ai pas reçu beaucoup de compliments dans mon enfance, je m'applique à féliciter, à congratuler ceux qui font le moindre effort.

J'ai soutenu, encouragé, beurré de mots d'amour ma progéniture.

Penser à faire plaisir aux autres m'est devenu une seconde nature. Je ne fais jamais attendre personne. Je suis polie et prévenante avec tous, même avec les sans-abri. J'essaie de ne pas avoir de préjugés. Les objets, l'auto, le chalet, l'appartement arrivent loin derrière les gens que j'aime. Je donne de l'amour pour en recevoir. Il y a un danger cependant: ceux qui ont l'humeur au beau fixe comme moi sont souvent tenus pour acquis. On ne leur permet aucun gros mot, aucun écart de conduite. On est surpris, scandalisé s'ils font montre d'impatience. Les coléreux, les soupes au lait que l'on félicite quand ils sont de belle humeur m'horripilent. Les accès de rage servent d'intimidation, de prise de pouvoir. Je fuis.

Il y a des grands-parents étonnants. Parce qu'un de leurs petits-enfants ne vient pas se lover dans leurs bras, ils ne s'en occupent pas. Ils ont le réflexe « Il m'aime pas, moi non plus ». C'est aux grands-parents à ouvrir les bras. Ils seront pleins dans peu de temps.

Cependant, l'amour maternel ou paternel n'est pas automatique. Je ne crois pas que les femmes naissent toutes avec l'instinct maternel. Je crois qu'il y a des femmes qui ont un très fort désir d'enfants, et d'autres ne l'ont pas du tout. J'en connais. Autrefois, jamais une femme n'aurait osé dire qu'elle ne désirait pas d'enfants, ou pire, qu'elle n'aimait pas les enfants. C'eût été pire qu'un blasphème. Aujourd'hui, on commence à peine à reconnaître aux femmes le droit de ne pas faire d'enfants. Les femmes qui font ce choix se sentent coupables, certaines même me disent qu'elles sont ostracisées dans leur milieu, on les traite d'égoïstes, de sans-cœur alors qu'elles sont tout simplement lucides. On croit à tort qu'elles ne sont pas capables de donner de l'amour. J'ai constaté que les femmes qui choisissent de ne pas avoir d'enfants font des tantes dépareillées. Nos bonnes religieuses entraient dans les ordres, pour Dieu évidemment, mais souvent parce qu'elles n'avaient pas la fibre maternelle. Une femme comme ma mère n'était pas faite pour avoir des enfants… Elle a peu donné et elle a peu reçu.

Je veux être aimé !

Le désir le plus profond de chaque être humain, c'est d'être aimé. Le problème, c'est que le mot « amour » ne signifie pas la même chose pour la femme que pour l'homme. Pour une femme, l'amour est entouré du ruban rose du romantisme, de déclarations, de preuves d'amour. Même si elle se sait aimée, elle sent le besoin d'être rassurée constamment, vingt-quatre heures sur vingt-quatre. Elle a besoin de signes tangibles d'amour, comme des bijoux, des fleurs, des journées au spa. Son insécurité n'a pas de fond. Après une nuit d'amour, il lui faut des mots, encore des mots. Il lui faut des « T'es belle » à profusion. Et si elle fait la cuisine, il lui faudra des « C'est délicieux » à chaque repas. Tout ce qu'elle veut, c'est être rassurée. L'homme, lui, croit que parce qu'il s'engage avec une femme il lui donne la preuve ultime qu'il l'aime. Je me suis déjà fait dire par mon ex, alors que je lui quêtais un « Je t'aime » : « Je suis là ! » J'en suis venue à la conclusion que, le besoin d'amour ne se manifestant pas de la même façon chez l'homme et chez la femme, il ne faut pas se surprendre des tumultes de la vie de couple.

La fidélité, est-ce une preuve d'amour ? Ça l'est pour la femme. Pas pour l'homme. Encore là, l'homme et la femme ne s'entendent pas sur la signification du mot. La femme est fidèle, selon elle, quand elle ne désire pas un autre homme, ne le regarde pas avec concupiscence. Si le désir monte, elle le chasse aussitôt. Elle se défend de coucher avec lui, même en pensée. Mais surtout, elle est fidèle parce qu'elle aime son mari, lui seul. La fidélité pour elle est plus une affaire de cœur que de sens. La première chose qu'une femme demande à un homme qui lui avoue une infidélité, c'est : « L'aimes-tu ? »

Pour l'homme, désirer une autre femme est naturel. Pour lui, c'est très clair dans sa tête : l'amour, c'est l'amour, le sexe, c'est le sexe. Il considère que tourner la tête pour regarder passer une jolie femme, c'est plus que naturel, c'est masculin, c'est inné, c'est le fait des vrais hommes. Au pire, il croit que coucher un soir avec une autre femme que la sienne n'enlève rien à leur couple. « C'était pas de l'amour, juste du sexe. » L'infidélité de la femme est considérée comme plus grave que celle de l'homme par la société parce que tout le monde sait, le mari surtout, que la fidélité de la femme va de pair avec l'amour. Donc si elle est infidèle, c'est qu'elle ne l'aime plus et en aime un autre.

Une preuve de plus que les hommes et les femmes, s'ils sont égaux, ne sont pas pareils. Cette disparité a son charme, mais cause des problèmes aux couples. Les femmes veulent de la gentillesse, être rassurées. Elles veulent que leur amoureux communique, qu'il accepte d'avoir tort. La liste des différences est longue.

En somme, les femmes veulent être aimées comme elles aiment, elles, les hommes font de même, ils veulent que les femmes les aiment comme ils aiment, eux. Ça ne marche pas !

C'est un fait, la moitié des couples mariés divorcent, et je ne parle pas des couples non mariés, qui se sépareraient encore plus. Pas facile, le couple !

Encore la sexualité des aînés

À entendre parler les jeunes et à les voir agir, l'amour leur serait réservé. Passé soixante ans, « votre ticket n'est plus valable », comme l'écrivait Romain Gary. C'est faux. La performance sexuelle est réservée aux jeunes, pas le sexe. Et encore, le désir de chacun varie selon les individus.

Si, à soixante ans, on s'attend à faire l'amour aussi souvent et avec autant d'ardeur que lorsqu'on avait trente ans, on va être déçu. Ce n'est pas pareil ! La nature est ainsi faite que le désir de l'homme diminue avec l'âge, que son érection est plus difficile à obtenir et tient moins longtemps. Il bande encore, mais ce n'est plus pareil, ce ne sera plus jamais pareil. Le sommet du désir pour les hommes se situe vers les dix-huit ans, après il redescend. Celui de la femme est à son apogée vers la trentaine, et l'âge mûr ne diminue en rien sa propension à avoir du plaisir.

L'amour est tellement associé à la jeunesse des corps (dans la publicité, les magazines, le cinéma) que les jeunes rejettent l'idée que leurs parents font l'amour et encore plus celle d'une vie sexuelle chez leurs grands-parents. Cette pensée provoque chez eux des haut-le-cœur. Faut dire qu'ils n'ont pas vu souvent des vieux se caresser au cinéma et à la télé. Les caresses de vieux amants semblent plus indécentes que le plus *hard* des films pornos ! Quand voit-on des vieux se caresser à la télévision ? Rarement. Et ce sera toujours de façon très pudique. Des téléromans où des vieux seraient en vedette ne susciteraient pas de bonnes cotes d'écoute, paraît-il. Les vieux n'intéressent pas le grand public, à moins qu'ils soient comiques ou indignes. Je me demande si la peur de vieillir ne viendrait pas aussi de l'absence de modèles de couples qui s'aiment et se désirent.

Entendu d'un homme de quarante ans :

— Moi, si je ne peux plus faire l'amour à soixante-dix ans, j'aime mieux mourir.

Comme si, le matin de son anniversaire, son pénis allait refuser à tout jamais d'obéir à ses désirs, comme si la vie pouvait se résumer à bander ou à crever.

Entendu d'un homme de cinquante ans :

— Faut que j'en profite, parce que, après... c'est *kaput*.

Comme si vieillir et chasteté allaient de pair.

Oui, les hommes peuvent encore faire l'amour quand ils sont vieux, mais à condition de mettre de côté la performance, de délaisser le but pour apprécier le chemin parcouru ; il s'agit de préférer l'érotisme à la génitalité. Les femmes, elles, peuvent encore recevoir les caresses, les touchers qu'elles aiment, même si la peau n'a plus la fermeté d'hier, et elles peuvent jouir sans pénétration.

J'ai lu quelque part que soixante-quatre pour cent des vieux couples font encore l'amour. Pourquoi ? Parce qu'ils ont changé leur façon de s'aimer. Quand la performance n'est plus au rendez-vous, une sensualité s'installe, une tendresse, une connivence. On prend son temps, on se raffine, et si ça ne marche pas aujourd'hui, ça marchera demain. On a tout le temps.

Les vieilles épouses et les amantes qui ont préféré les hors-d'œuvre au plat principal toute leur vie sont comblées, celles qui ont encore un appétit sexuel, bien entendu. Quant aux hommes, l'éjaculation, l'orgasme n'étant plus des buts à atteindre, ils peuvent partir à la recherche de nouvelles zones érogènes. On se caresse, s'embrasse, se touche, se colle juste pour le plaisir d'être ensemble dans les bras l'un de l'autre. Bien oui, il faut changer son comportement sexuel ! L'incapacité de modifier son comportement sexuel à mesure que l'âge avance est l'ennemi numéro un des vieux couples.

Un autre homme m'a dit :

— Je n'ai plus de désir.

Mais de quel désir s'agit-il ? Il faut distinguer le désir de pénétrer du désir de caresses, de communication intime. Les couples qui ont enlevé d'un commun accord tout désir sexuel de leur vie – il y en aurait beaucoup plus qu'on ne le pense – ne s'aiment pas moins ; c'est juste que le sexe ne leur sert plus à se prouver leur amour.

Le pire qui peut arriver, c'est quand l'un des deux a encore, malgré la vieillesse, une forte pulsion sexuelle. Si c'est l'homme, la femme peut toujours être passive, mais quand c'est la femme…

De toute façon, dans la sexualité, il n'y a pas que le sexe, car dans l'amour, il y a l'intimité.

L'intimité

Le désir sexuel mène à l'orgasme, l'intimité mène à la tendresse. L'intimité est faite du contact des épidermes, de caresses, de baisers, de complicité, de connivences, de rires et de pleurs, de désaccords et de réconciliations. Dans l'intimité du couple âgé, pas de recherche à tout prix d'un orgasme, c'est l'union des corps sans performance. Les vieux couples laissent leurs corps s'exprimer, ils ne les forcent plus à battre des records. Ils profitent de leur sensualité. Ils ne cherchent pas à se rendre à la destination du plaisir sexuel, ils profitent de la route sensuelle ensemble.

L'intimité est faite de souvenirs érotiques, de touchers connus et de connivence amoureuse. Tout cela assaisonné de confidences, de réminiscence sur l'oreiller. Les vieux couples se connaissent parfaitement, rient aux mêmes souvenirs et se remémorent leurs nuits brûlantes.

D'après moi, le défi de la vieillesse est d'accepter de changer sa façon de faire l'amour, d'accepter que ce n'est plus comme avant, mais qu'il peut y avoir du plaisir à partager des caresses et des baisers, de faire la tendresse avec volupté.

La tendresse, c'est le ciment de vieux couples qui s'aiment.

Il y a la porno pour ceux que la pénétration concerne, pourquoi n'y aurait-il pas des cours de zones érogènes pour ceux qui cultivent leur sensualité ?

Vivre indépendant jusqu'à la fin

La peur la plus souvent entendue des jeunes et des moins jeunes quand on parle de la vieillesse :

— Je veux être dépendant de personne, surtout pas de mes enfants.

Et je les comprends.

Je suis née à Montréal. J'aime ma ville. Je la trouve belle malgré ses défauts. J'ai toujours rêvé de vivre entourée d'une forêt de *buildings*, à deux pas de la rue la plus passante, la rue Sainte-Catherine. Je vis depuis trente ans en plein centre-ville. Je passe du chalet de montagne sans électricité à une tour du centre-ville avec joie. Je profite des deux. J'ai essayé la banlieue : pas assez d'action pour moi !

Je veux finir mes jours dans mon aquarium, c'est ainsi qu'une amie appelle mon appartement. Elle n'aime pas, ça s'entend. Chacun ses goûts. Je ne suis pas une enfant, je suis et je reste une adulte améliorée par de longues années d'expérience. L'attitude de condescendance de certains enfants à l'égard de leurs parents vieillissants vient en partie de l'expression que l'on utilisait pour parler des vieux atteints de démence : « Il est retombé en enfance. » Je trouverais insultant de me faire traiter comme une enfant, qu'on prenne les décisions à ma place, si j'ai toute ma tête.

Les vieux sont contents de changer d'habitat à condition que ce soit eux qui décident.

Il y a des conséquences à changer de maison et il y en a à ne pas en changer. Il faut alors sortir une feuille et inscrire les avantages et les désavantages de chaque option. Il semble que les hommes ont plus de difficultés à s'acclimater au changement de maison que les femmes.

Et puis, il y a l'argent. Je ne peux pas vous donner de conseils concernant votre argent, car je suis nulle, mais si comme moi vous n'y comprenez rien, demandez de l'aide. Il n'est pas plus humiliant de demander de l'aide quand on ne sait pas gérer son argent que d'aller voir un médecin quand on est malade. C'est juste intelligent.

Ce n'est pas à vos proches de régler ce que vous devez faire à la retraite.

La retraite, pour la plupart des gens, c'est passionnant pendant deux ans. C'est la récréation à longueur de journée. La belle vie ! Et puis, quand on a visité les pays qu'on voulait voir, qu'on a fait le plein de repos, on s'ennuie, on tourne en rond. Dans un article publié dans la revue *Le Bel Âge*, Ronald McKensie cite un sondage effectué par la CIBC qui révèle la probabilité que cinquante-trois pour cent des baby-boomers retraités reviennent sur le marché du travail à temps plein ou à temps partiel*. Je crois, moi, que ce qui manque le plus aux personnes âgées, c'est de se sentir valorisées. Or, ne rien faire n'a jamais valorisé qui que ce soit. Et c'est quand on se sent inutile qu'on a tendance à perdre son indépendance. Je suis privilégiée, je peux écrire jusqu'à ma mort. Je comprends que les travailleurs qui peinent à charrier de la garnotte ou à servir les autres ne veuillent pas retourner au travail.

Mais comment se sentir utile si on ne travaille pas ? Le bénévolat ! Le plus grand bassin de bénévoles est constitué de retraités. Ceux-ci, sous prétexte de rendre service aux autres, se sentent enfin utiles, sinon indispensables. Ils vont chercher dans le bénévolat la reconnaissance que le travail leur apportait. Pour certains, le bénévolat devient une raison de vivre. Comme écoutante à Tel-Aide, un service téléphonique pour personnes en difficulté, j'ai appris que j'étais chanceuse. Mes malheurs, particulièrement un divorce houleux, au lieu de me déprimer me semblaient minimes à côté des malheurs de ceux qui appelaient à Tel-Aide. Je sortais pleine de vie après des nuits épuisantes au téléphone avec des malheureux. Le bénévolat existe parce qu'il répond à un profond besoin de valorisation. On ne fait pas du bénévolat pour aider les autres, mais pour se faire du bien en aidant les autres. Et c'est très bien. Le meilleur conseil que je puisse donner à un retraité malheureux, c'est de faire du bien aux autres. Si vous aidez les autres, vous serez heureux. Donner pour recevoir !

---

* *Le Bel Âge*, 23 janvier 2014. www.lebelage.ca/argent-et-droits/retraite/retourner-au-travail-a-temps-partiel-ou-a-temps-plein?page=all

Choisir de rester chez soi, de n'en plus bouger jusqu'à la fin de sa vie est une bonne décision pourvu que ce soit vous seul qui l'ayez prise. Les soins à domicile vous aideront à rester chez vous. La décision de laisser la grande maison et de terminer ses jours dans un petit appart est aussi parfaitement acceptable si ça vous convient. À vous !

Mais je pourrais vous suggérer une autre option. Si vous aimez la compagnie et que vous avez soif de tendresse, gardez votre grande maison et louez des chambres à des étudiants, filles ou garçons, comme font de nombreux Londoniens, ou encore, offrez votre grand espace en colocation. Deux vieilles amies peuvent très bien partager une grande maison. Elles ont chacune leur chambre et partagent le salon, la cuisine, le loyer et la nourriture. Je sais, ce n'est pas dans nos mœurs de partager sa maison avec des inconnus, mais l'isolement social des personnes âgées peut être à l'origine de la sénilité. En tout cas, la solitude ou l'isolement est le problème numéro un des vieillards au Québec. En Californie, on trouve dans les journaux des annonces d'agences de *time-sharing houses*, de partage de maisons. Pourquoi pas ici ?

Autrefois, les enfants gardaient pépère et mémère. Ma mère a gardé son père. Mon père a gardé sa mère chez nous. On se tassait dans un logement de quatre pièces. Enfant, j'ai partagé ma chambre avec mon pépère et avec ma mémère, successivement. C'était naturel. De nos jours poussent ici et là des maisons intergénérationnelles où les vieux parents ont un petit logement sur le même terrain que leurs enfants. C'est très bien, mais trop dispendieux pour bien des gens. Je suis certaine que les baby-boomers débrouillards, revendicateurs, vont trouver d'autres façons de se loger pour la fin de leur vie afin qu'ils ne soient pas dépendants.

Prenez tout de suite votre vieillesse en main ! D'après moi – je suis vieille, je sais de quoi je parle –, ce n'est pas la maladie qui fait peur quand on vieillit, c'est être dépendant des autres, surtout de ses enfants. Alors trouvez des façons de vivre qui vous gardent indépendant jusqu'à la fin. Ça se trouve ou ça s'invente ! Quitte à copier les pays scandinaves.

Maudite mémoire

Comme j'enseigne dans le Quartier latin, je mange le midi dans un petit restaurant beau, bon, pas cher, et pour me reposer de parler, j'écoute le couple voisin de ma table. Ils ont dans les soixante-quinze ans. Bien habillés, des retraités de classe moyenne. Je crois comprendre qu'après le repas ils vont voir un film à côté. Je prête l'oreille.

— Tu le sais qui, Jean-Paul ! L'actrice, là, ta préférée…
— Je n'ai pas de préférée, elle est bonne, elle !
— Tu la trouves belle…
— Je trouve toutes les actrices belles…
— Tu le sais, elle est mariée à…
— Ça se marie, ça se démarie, ce monde-là.
— Elle est mariée à… tu le sais… le bel acteur… Tu le sais qui je veux dire…
— Non, je le sais pas, calvince !

Il mange, pensant mettre fin à la conversation.

— Jean-Paul, tu la connais, tu l'aimes. Elle est bonne. On l'a vue dans le temps des fêtes dans un film. Demande-moi pas le titre du film, moi, les titres...

— Puis le nom des actrices...

— T'as dit : « Un vrai pétard... »

— Tu te souviens que je t'ai dit que c'était un vrai pétard, mais tu te souviens pas du nom du pétard.

— Puis toi, hein ?

— Quoi moi, hein ?

— Je t'envoie au dépanneur, t'oublies la moitié des articles quand t'oublies pas la liste.

— J'ai d'autres choses à faire que de me souvenir d'acheter du ketchup.

— Quoi ?

— Ben... D'autres choses.

— Quoi ?

— Je le sais-tu, moi ?

Ils avalent quelques bouchées en silence. Je pense qu'ils ne se reparleront plus. J'attaque ma crêpe au fromage. J'entends un bruit de chaises sur le plancher. C'est comme si elle avait gagné le gros lot.

— Elle s'est fait enlever les seins !

— Qui ça ?

— Ton pétard !

— Si elle n'a pas de seins, c'est pas mon pétard.

— Elle s'est fait planter d'autres seins. À Hollywood, t'sais... Ça commence par un A, ça finit par un I.

— Mange, je veux arriver pour les annonces.

— Je l'ai sur le bout de la langue. À moins que ce soit le contraire. A...

— Mange. Veux-tu le dessert ? C'est fourni avec ma salade. Moi, mon diabète...

— Angelina Jolie !
— Quoi, Angelina Jolie ?
— C'est elle, l'actrice que t'aimes. Je l'ai trouvée, hein ? Puis il me dit que je deviens Alzheimer.

Elle repousse son assiette, ramasse son foulard, sa veste, se lève et lui lance avec mépris :
— J'en veux pas de ton dessert.
— Attends, il faut que je paye. T'as oublié ça, qu'il faut payer au restaurant, hein ?

Elle se rassoit, insultée.

J'ai envie de leur dire qu'on ne souffre pas d'Alzheimer quand des indices nous redonnent la mémoire, qu'on souffre simplement de sénilité, qui en fait est de l'usure. Et puis j'hésite. J'ai beau être professeure, pas au restaurant quand même. Je me tais.

J'entends un « Torrieu » retentissant venant de Jean-Paul.
— J'ai oublié mon portefeuille à la maison ! Veux-tu payer, Huguette ?

Huguette a un petit sourire victorieux qui en dit long.

Et moi, absorbée par les trous de mémoire de mes voisins de table, j'ai oublié que mon cours commence à une heure pile et qu'il est une heure vingt. Maudite mémoire !

La transmission

Quand, les jours de grande fatigue – ça m'arrive –, je parle de cesser d'écrire et d'enseigner, mon amie Nicole me rappelle que le but de l'espèce humaine est de survivre. Or, l'espèce humaine ne peut pas survivre sans transmission. Je crois que chaque personne doit se demander ce qu'elle veut transmettre à sa famille, à ses proches et aux autres. Pour ma part, c'est clair. Tout ce que j'apprends, je veux le transmettre. Pas que je pense connaître la vérité, mais parce que j'ai trouvé des façons de mieux vivre et que je me trouverais terriblement égoïste de les garder pour moi. De tout temps, les aînés ont servi à communiquer leur savoir. Aujourd'hui qu'on apprend tout sur Internet, qu'allons-nous devenir, nous, les vieux humains ? À quoi allons-nous servir si on n'a plus rien à apprendre à personne ? J'avoue que la nouvelle technologie m'inquiète.

Quand un jeune se pose une question, il peut trouver une réponse sur Internet. « Va demander à ton père, va demander à ta mère » est remplacé par « Va voir sur Internet ».

Un téléphone remplace déjà notre intelligence. À quand la machine à aimer ? Je soupçonne Bill Gates d'avoir déjà dans ses filières un distributeur d'amour. Plus besoin de grands-parents pour donner de l'amour aux petits-enfants, tu mets ton curseur à « Tendresse », tu fais « Envoyer » et tu n'as plus à te préoccuper de rien, la tendresse se rend dans l'instant même. Ouache !

Jusqu'à ce que la mort nous sépare

Si je me souviens bien, j'ai dû entendre ces paroles le matin de mon mariage. Il y a de cela... si longtemps. C'était en 1947. Entre-temps, les lois sur le divorce s'assouplissaient et permettaient aux couples de se défaire facilement. La moitié des couples se sont quittés alors et ont saisi la chance de recommencer à neuf. Aujourd'hui, je remarque que les enfants du divorce se jurent de ne pas faire comme leurs parents. Eux ne divorceront pas ! J'espère de tout cœur qu'ils feront mieux que nous. J'en doute. J'ai du mal à imaginer des couples vivant ensemble plus de soixante ans sans avoir de ras-le-bol. Les baby-boomers qui en sont à leur troisième relation, mariage ou pas, n'accepteront jamais de vivre avec quelqu'un qu'ils n'aiment plus. Au nom de quelle morale reste-t-on avec quelqu'un qui nous ment, nous trompe, nous ignore, nous étouffe, avec quelqu'un qui ne veut plus de nous ?

— On peut rester par habitude.

Les habitudes, ça se change. L'être humain est adaptable et c'est faux de penser qu'on n'aime qu'une fois.

Je crois vraiment que la seule raison qui fait qu'un couple qui ne s'aime plus reste ensemble, c'est l'argent. J'ai entendu maintes fois des gens mariés me dire :

— Je ne peux pas l'endurer, mais on a mis des années à se payer une maison, maintenant qu'on l'a… on ne va pas se séparer, ça nous coûterait trop cher.

Ou bien :

— Ils sont tous pareils. Alors avec lui ou un autre…

Et puis il y a ceux ou celles qui vivent grâce à la pension de l'autre. Leur intérêt est de rester en couple.

Et l'amour dans tout ça ?

L'amour et la passion qu'on n'a pas cultivés meurent de leur belle mort. Reste l'argent qui peut tenir un couple ensemble. Mais quelle vie !

La longévité accrue cause des problèmes nouveaux aux couples. Vivre une nouvelle vie d'adulte avec la même personne peut apparaître comme une catastrophe, alors on va se séparer de plus en plus. Le divorcé va choisir sa future compagne parmi les femmes plus jeunes. Il a besoin d'un renouveau sexuel, il a besoin d'admiration et d'en mettre plein la vue à une fille peu expérimentée. Il est fatigué de la compétition. Avec une plus jeune, il devient le mentor… presque comme avant. Il va trouver plein de jeunes femmes dont les besoins sont la sécurité financière et l'expertise sexuelle. Les jeunes femmes sont attirées par les hommes âgés parce que le pouvoir et l'argent les intéressent plus que la beauté et le sex-appeal. Un portefeuille bien garni, ça a plus d'attrait que de belles petites fesses de gars de leur âge. Un homme plus âgé que sa deuxième femme est tellement ancré dans les mœurs qu'on ne remarque même plus un couple où la femme est de vingt ans plus jeune que son conjoint. C'est normal. La divorcée qui veut refaire sa vie avec un homme de son âge reste sur le carreau la plupart du temps.

À moins de faire comme les hommes et de se mettre en couple avec un homme plus jeune ?

Je forme avec Donald un couple de la seconde chance.

Vous me demandez souvent :

— Quel est le moyen de rester ensemble quand l'homme est plus jeune que la femme ?

Vouloir tous les deux que la relation de couple soit la priorité et faire en sorte que ce le soit, avec tout ce que ça comporte de négociations, de compromissions, de concessions mutuelles. Je parle en connaissance de cause. Une fin de vie à deux quand on s'aime, il n'y a rien de plus agréable, de plus doux, de plus tendre. Quand on cultive l'amour, on récolte de l'amour, différence d'âge ou pas.

Entre nous, les avantages que retirent les hommes à vivre avec une femme plus jeune sont les mêmes pour les hommes plus jeunes vivant avec une conjointe plus âgée. Pas de compétition, un réveil de la libido, etc. J'espère avoir brisé un tabou bien ancré dans la société et donné un exemple à suivre. Il reste que, dans les deux cas, la différence d'âge n'est pas une panacée, mais je remarque que ces couples peu conventionnels ont tendance à durer plus longtemps.

J'ai quatre-vingt-cinq ans

Le jour de mon anniversaire, je me suis levée, prise dans un pain, rouillée, souffrante, comme tous les matins. Je me suis vite assise dans mon fauteuil berçant de rotin rouge et j'ai étendu péniblement mes jambes sur le pouf. La chatte a sauté sur moi et on s'est bercées toutes les deux. Je fulminais, elle ronronnait. Donald m'a demandé si j'avais bien dormi, j'ai répondu non, comme chaque matin. Il m'a apporté mon café et, pendant dix minutes, mon corps s'est dépris du carcan dans lequel la nuit l'avait jeté. Pendant ces dix minutes, j'ai pensé que j'avais la chance de vivre un nouveau matin, d'avoir une chatte qui daigne sauter sur mes genoux, un conjoint qui m'aime et prend soin de moi. À la dernière goutte de mon café, j'étais prête à attaquer la journée. La machine à compter mes petits bonheurs était en marche ; je pouvais déjeuner et me mettre au travail, chanceuse que j'étais de n'avoir que quatre-vingt-cinq ans et d'être vivante. Ce travail du matin s'allonge chaque jour, parce que chaque jour je deviens plus souffrante. Si je m'écoutais, je me plaindrais sans arrêt : « Je suis une victime de la vieillesse. Je suis plus bonne à rien. Jette-moi aux vidanges, etc. »

J'ai déjà tenté de me percevoir comme une victime et de me plaindre. « Je fais donc pitié. »

Et puis j'ai cessé. Je me sentais ridicule. Il y en a tellement de pires que moi, et au moins, moi, je suis vivante, tant d'autres sont décédés. Quand j'ai mal, je le dis, mais je ne me roule pas dans les lamentations. Je passe à autre chose. Je ne veux pas que mes souffrances prennent toute la place. Je ne veux pas que ce soit ma seule préoccupation, ma seule conversation, je ne veux pas, après avoir été un objet de désir, n'être plus qu'un objet de soins médicaux.

Je me demande ce qui va m'arriver plus tard. Il semble que les médicaments n'agissent plus sur moi. Je demande de plus en plus à Donald de m'aider, à mes enfants de m'alléger de certaines tâches. Je suis un poids pour tous certainement. Je me rends compte que je déteste être dépendante des autres, mais je suis forcée de l'être. Il m'arrive de me demander si je veux vivre aussi longtemps si mon dos continue à me faire souffrir.

Le deuxième tome de *Lit double* est terminé, publié, j'en suis au troisième et dernier tome, et j'ai peur de ne plus avoir de projets, de n'avoir plus rien à faire. Je m'avoue ce que je me suis caché longtemps : je m'ennuie facilement. Pour combler ma vie, il me faut des projets, des défis, des buts à atteindre, il me faut prendre des risques. Mais avec ce dos qui brûle…

— Oui, mais à votre âge…

Quel âge j'ai ?

Les chiffres sont là pour répondre à la question, mais moi, quel âge je sens que j'ai ? « Cent ans, rien qu'en dimanches », comme disait mon père.

De toute façon, qui se sent vraiment de son âge du calendrier ? Il y en a qui, à cinquante ans, se sentent centenaires. Moi, si Donald n'était pas là, je me sentirais vieille, mais il est là : je suis sa conjointe de fait, on partage tout. La vie de couple égalitaire comme je l'ai rêvée.

Que j'ai été intelligente de suivre mon cœur plutôt que les convenances ! Que j'ai été futée de voir en cet homme celui qui me complétait si bien ! Je me félicite d'avoir eu l'audace d'aller de l'avant avec cet amour impossible.

Je n'avais aucune attente, aucun *a priori*, je me suis lancée dans cet amour les yeux fermés et je nage dans le bonheur depuis ce temps. Je suis la plus chanceuse du monde.

Voilà comment s'est déroulé le jour de mon quatre-vingt-cinquième anniversaire : en passant du désespoir à l'espoir le temps d'un déjeuner.

Y a-t-il des avantages à vieillir ?

On ne choisit pas ses maladies de fin de vie, mais on peut choisir comment prendre ces maladies. D'ailleurs, tous les vieux ne sont pas nécessairement malades, infirmes ou handicapés. Je connais des femmes de mon âge en parfaite santé. Moi-même, je ne suis pas malade, j'ai un problème d'usure de la colonne vertébrale. Je refuse que les vieux soient considérés automatiquement comme des objets de soins tout autant que j'ai refusé que les femmes soient des objets sexuels. J'aimerais qu'on cesse d'associer vieillesse et maladie. Pourquoi avons-nous si peur de vieillir ? Parce que justement on imagine que la vieillesse est jumelée à la déchéance du corps. Je crois que notre refus de vieillir tient à ces images de vieux bardés de bobos de tout genre agonisant sur un grabat de misère. Je sais, j'exagère, mais si peu.

Vieillir, c'est naturel, c'est une partie de la vie, et sans la vie, on est mort. Alors, il faut la chérir, la vie, en prendre soin, l'apprécier. En profiter. Pour être bien quand on vieillit, il faut le vouloir et s'attacher à voir qu'au-delà des bobos il y a des avantages à vieillir.

Les avantages

– Savoir ce qu'on veut enfin.
– Savoir ce qu'on ne veut pas.
– Cesser de vouloir changer les autres et les accepter tels qu'ils sont.
– Apprécier chaque moment de la journée.
– Être conscient que le temps est précieux.
– Être indulgent.
– Être capable de choisir ses plaisirs.
– Être capable de rentrer en soi, dans ses souvenirs.
– Être capable de reconnaître les petites joies quand elles se présentent.
– Être capable de s'émerveiller.
– Être capable d'aimer et de se laisser aimer.
– Être capable de pardonner.
– Ne plus avoir peur du changement.
– Se sentir libre, ouvert à l'amitié et à l'amour.
– Se sentir prêt à l'aventure de la mort.
– Découvrir une nouvelle compréhension de sa vie.
– Transmettre ce qu'on a pris de longues années à découvrir.

Les désavantages

Ce serait trop long…

Une recette de bonheur, juste une!

Je n'aime pas donner des recettes pour être bien dans son corps et dans sa tête, mais celle-là, je sais quels bienfaits elle peut apporter. Je n'ai pas le droit de ne pas la partager avec vous.

Le chemin pour entrer en soi, pour lâcher prise, pour se distraire de la douleur, pour relaxer, déstresser, c'est la respiration yogique. J'ai déjà été une adepte du yoga. Depuis plus de cinquante ans, je pratique la respiration apprise au yoga. Je m'assois sur une chaise droite, le dos droit, les pieds écartés, à plat sur le plancher, les mains ouvertes, offertes, sur les cuisses. Je ferme les yeux. Je respire par le nez, j'expire par la bouche entrouverte. Je me concentre sur ma respiration. Je vide mes poumons puis je les gonfle d'air en partant du ventre. Je répète tout bas: «J'inspire le calme, j'expire le stress.» J'inspire pendant quatre secondes, j'expire tant que j'ai de l'air dans les poumons, et je recommence jusqu'à ce que je me calme.

Ou bien encore, je me couche sur le dos, à plat. J'inspire en gonflant le ventre, j'expire en vidant le ventre puis les poumons, et je continue ainsi pendant dix minutes. Encore là, je me concentre sur ma respiration, je ne pense à rien d'autre. Je suis à l'intérieur de moi, je suis une machine à inspirer et à expirer. Rien d'autre.

Cet exercice, je m'en suis servie pour accoucher de Martin. Je m'en sers avant chaque émission de télévision, chaque soir pour m'endormir, quand je suis énervée, contrariée, quand j'ai trop de joies ou trop de douleurs et que je veux retrouver mon calme. C'est un efface-trac, un somnifère efficace. Cet exercice peut se faire partout : sur le siège du taxi, ou celui du dentiste. C'est magique pour chasser les idées noires, le stress, pour se déchoquer, pour accueillir la douleur, pour revenir sur terre quand on a grimpé dans les rideaux, pour relativiser sa peine ou faire le plein d'énergie.

Il faut commencer par des séances de cinq minutes pour en arriver à dix, puis à vingt. Des pensées extérieures tenteront de vous distraire, laissez-les aller et venir. Concentrez-vous sur votre respiration.

Cette respiration fait baisser la tension, calme les cœurs fragiles et éloigne les douleurs. Merveilleux pour le mal de ventre des enfants.

Je vous dévoile un secret. Dans ma famille, je passe pour avoir un don pour guérir le hoquet, le mal de ventre, le mal de dents. Mes petits-enfants et arrière-petits-enfants y croient dur comme fer. Je n'ai pas de don, je leur fais appliquer la respiration yogique tout simplement. Je ne suis pas une fée, je sais respirer, c'est tout.

En apprenant ainsi à respirer, je me retrouve en moi-même, je deviens plus consciente de mon corps, plus consciente de l'effet que je peux avoir sur lui. Et ainsi je deviens consciente de la beauté de la mécanique de mon corps et de mon pouvoir sur elle.

Au lieu de me rebeller contre mes souffrances, je suis reconnaissante d'être en vie.

La fin de *Lit double*

Hier, j'ai mis le mot « fin » au troisième tome de *Lit double*. Il n'y en aura pas d'autres. Je suis en deuil. Je me suis attachée à mes personnages comme à des êtres vivants. Je les ai mis au monde et j'ai tracé leur chemin. J'ai vécu avec eux pendant des années. Je me suis interrogée à leur sujet, ils m'ont inquiétée, fait rire. Comme je les avais créés, ils étaient mes enfants et je les abandonne à leur sort. Ils ne sont même pas morts, je leur ai laissé la vie volontairement. Ils continuent sans moi dans mes pensées et celles de mes lecteurs. Il m'arrive de me demander où est rendue Clara. Et la dépression d'Étienne ? Et puis me vient une idée. Comment leur redonner vie ? J'en parle à André Monette, mon ami, producteur de son métier. Une série à la télévision ! Qui a eu l'idée en premier, je ne m'en souviens pas et ce n'est pas important du moment que l'idée est bonne. Alors commence une odyssée qui durera quatre bonnes années pour se terminer par un refus de TVA et de Radio-Canada de porter *Lit double* à l'antenne. Un autre échec ! On ne s'habitue pas à se faire virer.

Je me pose une autre fois la question – et comment ne pas se la poser : « Ai-je du talent ? » Est-ce que le talent disparaît à mesure que poussent les rides ? Est-ce que je suis finie ? Est-ce que je suis trop vieille ? Se peut-il que le talent s'amenuise avec les années ? Est-ce que mes propos sont dépassés ? Je n'ai pas de réponses. Je me mets à la place des diffuseurs. Peuvent-ils s'engager avec quelqu'un qui risque de mourir dans les années à venir ? J'espère que c'est la bonne raison. Je la préfère aux autres. C'est la moins humiliante.

La télévision est cruelle. C'est une dévoreuse de talent. Un artiste devient la saveur du mois puis c'est au tour d'un autre. Sur cent auteurs de talent, peu sont acceptés par les diffuseurs, et s'ils le sont, ils doivent avoir la souplesse et l'humilité de se plier aux remarques de nombreuses personnes qui n'ont souvent que des chiffres en tête, ceux des cotes d'écoute. Je reconnais avoir été choyée dans le passé. Mes projets ont toujours été acceptés d'emblée. C'est cette confiance totale, cette liberté qui me donnait du talent. J'ai besoin de me sentir libre pour créer.

Je me suis relevée, je suis une battante, mais reste que j'aurais aimé que mes personnages continuent à vivre, et moi, à écrire sur eux.

Balayons cette déception sous le tapis. J'ai la chance d'avoir une éditrice qui accueille avec enthousiasme mes projets littéraires et qui me fait entièrement confiance. Justement, j'ai un projet de livre qui, je pense, va intéresser mon public lecteur.

Je vais manger chez le Chinois en bas de ma rue avec Johanne Guay. Elle me connaît : si je n'écris pas, j'ai peur de tomber dans le vide. Elle me propose d'écrire sur la vieillesse. En bonne baby-boomer, elle se questionne sur ce qui l'attend. Elle aimerait lire sur le sujet. Avoir une autre perspective que ce qu'on nous montre : plaintes et témoignages de vieillards maltraités, séquestrés. Elle aimerait me lire à ce propos sous le titre de…

Je réfléchis à peine et je lui jette : « La vieillesse par une vraie vieille ! »

Elle rit.

J'ai trouvé le titre, il reste à écrire ce livre et à en faire un succès.

La dépression

Dans le dernier tome de *Lit double*, j'ai parlé de la dépression d'Étienne, soixante-douze ans, et de la réaction de sa femme, Clara, qui pensait qu'en le brassant un peu il retrouverait l'énergie d'avant. Je voulais détruire un mythe bien ancré chez les gens, selon lequel tous les vieux sont atteints d'une déprime incurable. Selon la Société canadienne de psychologie, de quinze à vingt pour cent des personnes âgées qui vivent en autonomie dans la société éprouvent des niveaux cliniques de dépression*. Cette maladie est rarement diagnostiquée parce que les vieillards se plaignent surtout de leurs bobos physiques. Ils ont cette fausse idée que la déprime est synonyme de vieillesse et qu'il n'y a rien à faire.

---

* Société canadienne de psychologie. www.cpa.ca/lapsychologiepeutvousaider/depressionchezpersonnesdutroisiemeage/

— C'est pas drôle d'être vieux, se lamentent la plupart des vieux que je connais.

Ils tiennent pour acquis qu'ils s'en vont vers des souffrances sans nom, vers l'isolement, vers – disons le mot – le dépotoir, et à ce moment-là, ils versent dans la dépression.

La grande cause de la dépression des vieux, c'est la perte du contrôle de leur vie.

Combien de femmes âgées m'ont avoué avoir perdu le goût de vivre en perdant le contrôle de la maisonnée, des sorties, des enfants, du budget ! Je pense à mon père, qui vaquait au bon fonctionnement de son magasin et qui du jour au lendemain, à quatre-vingts ans, se retrouve à ne rien faire chez lui. Son fils avait décidé qu'il devait se reposer. À la retraite forcée, son caractère a changé, lui si généreux s'est mis à avoir peur de la pauvreté et à économiser sur tout. De charmant, il est devenu grognon, aigri. Je comprends maintenant qu'il était en dépression et qu'il aurait dû avoir recours à de l'aide psychologique ou à des médicaments pour traverser cette perte de contrôle.

Je pense à la mère d'une de mes amies, mère de douze enfants. Quand le dernier est parti de la maison, que son mari est mort, elle a sombré dans la dépression. Elle n'avait plus personne dont il fallait s'occuper. Elle avait perdu le contrôle de sa famille. Le mot « contrôle » n'est pas péjoratif. On aime tous prendre sa vie en main et en même temps s'occuper de celles des autres. Quand on ne se sent plus utile, quand les autres décident pour nous du sens que prendra le reste de notre vie, la dépression n'est pas loin. Quand on a pu se déplacer toute sa vie sans avoir besoin des autres, il est difficile de demander de l'aide. Je parle en connaissance de cause. Moi qui ai couru toute ma vie, qui marche vite, me déplace vite, voilà que je dois demander, toujours demander, de l'assistance pour me déplacer. Je connais des femmes et des hommes qui s'isolent plutôt que de déranger leurs proches.

L'isolement des vieux est une autre cause de dépression. Sortir est tellement compliqué, surtout l'hiver, recevoir encore plus, alors on reste seul. Pour ne pas effrayer les grands enfants, on jure qu'on préfère être seul. D'ailleurs, la modernité nous aide à nous isoler ; on peut faire venir les médicaments, la nourriture, on peut même avoir des soins à domicile. Cet isolement engendre la solitude qui engendre la déprime et la dépression.

Parmi les causes de la solitude, il y a la mort du conjoint, l'éloignement des enfants. J'ai constaté maintes fois la dureté des enfants vis-à-vis de leurs vieux parents. J'entends des jeunes de cinquante ans et moins parler d'eux comme s'ils étaient de trop.

— Faut placer maman. On va placer papa !

J'ai envie de répondre : « Pourquoi pas les euthanasier, tant qu'à y être, comme on fait pour un chat ou un chien dont on ne veut plus ? »

Ces mots « Faut placer papa, maman » me mettent en colère. Il ne s'agit pas de mettre votre vieux matelas aux ordures, il s'agit de parents qui vous ont donné la vie, qui ont pris soin de vous. Je tiens ici à rappeler à ces jeunes que, dans quelques années, leurs enfants les imiteront et se débarrasseront d'eux dès qu'ils ne seront plus des parents *cool*, qu'ils ne leur seront plus utiles ! La société de consommation !

Il n'est pas question ici de parents malades qui requièrent des soins prolongés, ceux-là doivent être hospitalisés dans les CHSLD, les soins de longue durée, je parle plutôt de parents âgés, vieux, mais en santé.

Une autre cause de la solitude : des personnes âgées quittent volontairement leur banlieue, leur quartier pour aller vivre en résidence. Certains s'adaptent, les autres réalisent tout ce qu'ils ont perdu : leur réseau d'amis, leur dépanneur, leur rue marchande, leurs voisins, leur église, leurs habitudes et rituels longuement intégrés.

Une autre cause de l'isolement qui mène à la solitude est la peur de sortir et de tomber.

C'est ma peur !

Je me raisonne. Je peux tomber sur le trottoir, évidemment, mais je peux aussi tomber dans ma cuisine ou dans ma salle de bain. Ma peur ne m'empêche pas de sortir, mais j'ai une canne, un déambulateur et même un fauteuil roulant et des crampons à mes souliers quand il y a de la glace.

Seule une grosse maladie peut me retenir à la maison et m'empêcher de voir du monde, de communiquer.

J'ai choisi d'être heureuse et, pour l'être, il faut que je sois incluse dans la société. Si je veux des rapports égalitaires entre les femmes et les hommes, je veux aussi des rapports égalitaires entre les jeunes et les vieux. Il faut qu'on soit partout où sont les jeunes.

Bon, je viens de découvrir mon prochain combat. L'égalité entre les jeunes et les vieux !

Fini de me faire dire :

— Dans votre génération…

— On n'est pas de la même génération…
 On est tous des humains, que je sache, pas pareils, mais égaux… Et je suis pour la mixité des âges.

Dépression ou mélancolie ?

Il est difficile de distinguer parfois la dépression de la mélancolie du grand âge. De plus, l'idée incrustée chez les jeunes que la sagesse et l'expérience ne servent à rien et qu'il est normal d'être triste et déprimé quand on est vieux fait que la dépression des personnes âgées est peu diagnostiquée, donc peu soignée.

Une femme âgée perd son fils handicapé pour qui elle vivait, elle perd en même temps que son enfant sa seule source de valorisation, sa seule raison de vivre.

— Je veux mourir, c'est long, vivre sans lui.

Cette femme est en dépression et a besoin d'aide.

Une autre femme se plaint que ses enfants ne lui téléphonent pas, ne viennent jamais la voir. Pas de nouvelles d'eux. Elle me nomme ses arrière-petits-enfants. Elle n'a que des photos. Et encore, elles datent. Elle excuse ses enfants et prend leur défense.

— Ils sont loin. Ils sont occupés, et puis je suis sourde. Mes enfants n'aiment pas ça, crier. Ma fille dit que ça la déprime de venir me voir, elle ne veut pas imposer ça à ses enfants. « Ça », c'est moi, un objet avarié, bon pour le dépotoir. Mon fils, lui, est occupé sans bon sens, il vit en Ontario. Il ne va pas passer ses vacances avec sa vieille mère. Je les comprends, mes enfants, je ne suis pas un cadeau. Mais je vais les débarrasser bientôt.

Une autre dépression suivie d'un suicide, peut-être.

Un vieux monsieur vient de perdre sa femme. Il ne s'en remet pas. Qui va s'en occuper, faire le ménage, la cuisine ? Qui va lui faire penser à prendre ses médicaments ? Il la cherche partout. Il pleure des nuits entières.

Une autre dépression.

Une maîtresse d'école, à la retraite depuis vingt-cinq ans, a des maux de jambes qui l'empêchent de se déplacer. Elle est tannée de ne rien faire. Elle tourne en rond.

Le médecin :

— Dépression normale à votre âge. Reposez-vous.

— Tant qu'à me reposer à la journée, aussi bien mourir.

Une psychologue lui suggère d'écrire son parcours de maîtresse d'école pour se changer les idées, sur sa vie avec les enfants.

Elle s'y met. Elle se passionne pour son sujet. Elle a un but, une raison de vivre. Finie la dépression.

On n'a encore rien trouvé de mieux que le travail ou le bénévolat pour être valorisé. J'ai rencontré plein de gens âgés, hommes ou femmes, pour qui le bénévolat remplit la vie. Je pense à cette vieille dame sans enfants, donc sans petits-enfants, qui berce des bébés malades à l'hôpital Sainte-Justine. Je pense à des écoutantes de Tel-Aide qui me remercient de leur avoir fait connaître ce bénévolat si bienfaisant.

Je n'arrive pas à oublier une image qui a changé ma façon de penser. J'étais à Moscou dans les années 1970. Un matin, je sors de l'hôtel et j'aperçois de vieilles femmes qui balayent la rue. Pas le trottoir, la rue. De vraies vieilles femmes avec de petits balais de maison. La rue était large et longue. Ma première réaction a été l'indignation. Scandalisée, je demande à notre interprète, une jeune diplômée en langue française de l'Université de Moscou, de m'expliquer cette façon de faire qui pour moi était une offense aux droits de l'homme.

— Elles sont nourries, logées, soignées, habillées, en échange de quoi elles doivent donner quelques heures par semaine à la voirie. Ça leur fait faire de l'exercice. Et elles se sentent utiles !

Je comprends, maintenant que je suis vieille, que se sentir utile est bénéfique pour la santé morale et physique des aînés.

Au moins ces Moscovites ne sont pas isolées dans un mouroir, elles doivent avoir un bel appétit après le travail et elles participent à la propreté de Moscou. Or, le meilleur remède à la dépression des personnes âgées, c'est de leur donner l'occasion de jouer un rôle dans la société. Les vieilles qui prennent soin de leurs petits-enfants par exemple ont une vieillesse heureuse.

Je sais, c'est forçant de balayer, mais elles étaient souriantes. Elles avaient un but : que la rue soit propre.

Quand je ramène cette idée-là à Montréal, on me traite de communiste.

Je redoute le jour où je ne servirai plus à rien, ni à personne.

Quand la déprime me prend...

Eh oui ! Je compte mes petits bonheurs. Si ça ne fonctionne pas assez vite, je me cherche des étapes tristes de ma vieillesse pour déprimer encore plus : la canne, le fauteuil roulant, la marchette ? Et après... le corbillard.

Je suis dans une journée de déprime. Ça ne m'arrive pas souvent, mais aujourd'hui je me suis levée tard. Quand je dors trop, je n'ai pas faim, je n'ai le goût de rien. Je suis seule au chalet avec mon amoureux. C'est un lundi ordinaire, plus qu'ordinaire. Un lundi plate. Pas de grands malheurs ni de grandes douleurs. Le chalet était plein de rires et de caresses en fin de semaine. Aujourd'hui, c'est le vide. Je suis sur la pente descendante des pensées noires et je n'ai pas la force de résister. Je sais, ces pensées malsaines vont me submerger, et moi, trop faible pour les éloigner, je vais me noyer.

Au secours !

Parler, j'ai besoin de parler, de dire ce que je vis, ce que je ressens.

Donald !!!!

Donald m'écoute attentivement, amoureusement.

Je me laisse aller à me plaindre. J'ai des motifs. J'énumère mes bobos petits et grands. Il me laisse déballer tout ce qui me chicote.

Je me rends compte à quel point mon chum m'aime. Je pense à l'amour dont me réchauffent mes deux filles et mon garçon. Je pense à mes huit grands petits-enfants et à leurs conjoints, à mes trois arrière-petites-filles. Je suis comblée. Comment ça se fait que je suis quand même déprimée ? Parce que cet amour qui me réchauffe, je ne l'aurai plus quand je serai morte ! Je prends mon sac de mauvaises pensées si lourd à porter certains jours – une chance, pas souvent –, et je le vide. Donald n'a pas de grandes phrases savantes à m'offrir, mais sa présence et ses bras me rassurent. Vite, il faut que je me change les idées.

Je vous entends de nouveau :

— Elle a tout pour elle – la renommée, de l'argent, un amoureux, une famille qui l'aime et qu'elle aime –, et elle se plaint.

Je ne devrais pas me plaindre, je sais, mais je le fais pareil. Pourquoi ? Parce que je ne suis pas parfaite et que j'ai besoin d'être consolée moi aussi, des fois. J'ai le droit d'être faible dix petites minutes de temps à autre. Et quand je pense à tous les vieux qui sont seuls et malades, j'ai honte. Je ne me plaindrai plus le ventre plein. Je suis chanceuse, c'est vrai.

C'est pour ça que je ne veux pas mourir ? Je ne peux pas me séparer de l'amour qui m'entoure.

L'amour. Pourquoi je ne fonderais pas une banque où ceux qui en ont trop viendraient en déposer et ceux qui n'en ont pas viendraient en retirer ?

Pas de l'argent, de l'amour !

Voilà ce qu'il me fallait pour remonter la côte, un projet.

Je note dans mon carnet : « J'ai assez d'être souffrante, je ne vais pas être de mauvaise humeur en plus. »

Le soir, dans le lit, je songe avant de m'endormir à tous les vieux couples heureux que je connais. Je les compte. Ils sont peu nombreux, mais comme le bonheur n'a pas d'histoire, on ne les voit pas, on ne les entend pas. Et puis je me mets dans la tête de tirer des leçons de ces couples. Pourquoi sont-ils heureux ?

Ils vivent à deux, dorment dans le même lit, ne se plaignent à peu près jamais de leurs bobos. Ils prennent la vie du bon côté, rient souvent et dansent quand c'est possible. Ils font des activités ensemble, mais séparément aussi. Ils vivent au présent, savourent les joies qui passent, prennent soin l'un de l'autre. Ils font des projets pour l'avenir même si l'avenir est court. Ils sont curieux et ont soif d'apprendre. Ils s'intéressent aux jeunes, pas pour les sermonner, mais pour les encourager. Ils évitent comme la peste les mots « dans mon temps ». Ils sont conscients que la mort est inévitable et qu'ils doivent profiter des heures et des jours qui leur restent. Ils sont amoureux et se font encore des caresses. Se disent « Je t'aime » souvent. Ils sont créatifs et encore capables d'émerveillement. Ils ne s'ennuient jamais quand ils sont ensemble. Ils ont su garder des contacts avec de jeunes enfants, de jeunes adultes. Ils conservent une belle vitalité.

Ils s'aiment.

Quand on est vieux, tout ce qu'il nous reste à faire, c'est aimer.

Un ami gai, en couple, m'a déjà dit :

— Je me lève le matin et je me demande ce que je vais faire pour lui faire plaisir et lui aussi fait la même chose.

Cette recette est trop bonne, je la transmets aux couples qui veulent vieillir ensemble et heureux.

Les étiquettes

On vit dans des compartiments que la société impose. Il y a des enfants, des adolescents, des jeunes, des gens dans la force de l'âge, des mûrs et des vieux. Or, chaque individu cherche tout au long de sa vie à sortir de son compartiment, à se distinguer. Il n'est pas heureux enfermé dans une boîte avec une étiquette. Il a besoin de s'étendre, de sortir de ses limites. Les enfants imitent les ados, les ados veulent les privilèges des grands, ceux qui sont dans la force de l'âge veulent les ressources sexuelles des jeunes, les mûrs flirtent avec le démon de midi et les vieux se prennent pour des jeunes.

Les jeunes ne se lèvent pas le matin en se disant :
— Je suis jeune, wow !

Alors pourquoi les vieux n'agiraient-ils pas selon leur humeur, leur forme, leur santé sans avoir le chiffre de leur âge étampé sur le front ?

On ne dit pas d'un homme mûr :

— Il est bon pour un homme de cinquante-deux ans.

Il est injuste qu'à partir d'un certain âge nous soyons jugés plus selon notre âge que selon nos compétences.

Je ne peux plus faire remarquer que les marches sont trop hautes ou les autos trop basses sans qu'on me fasse un air agacé.

— Ben, pour qui elle se prend, une jeunesse ?

Je ne me prends pas pour une femme de trente ans, mais il y a de grands moments dans la journée où je n'ai pas d'âge. Combien de fois je me suis lancée à danser sur les airs des *big bands* de ma jeunesse, pour me retrouver en morceaux dans un fauteuil ! Il fallait voir les regards désapprobateurs.

— À son âge, on reste tranquille. Se conduire comme une jeune, c'est ridicule.

Ne pas se conduire comme une vieille quand on vieillit, c'est considéré comme de mauvais goût. On est vieux, faut se comporter en vieux. Mais alors, que penser de ces vieux messieurs en couple avec de jeunes femmes ? Eux, ils ne sont pas ridicules. Ils sont admirés, enviés.

— Quel homme ! Il doit baiser encore, lui, le maudit chanceux.

Il est la preuve vivante, surtout s'il se promène avec un bébé-trophée dans les bras, que le désir revient quand on change de femme.

Et si les femmes faisaient la même chose, on les appellerait des *cougars* !

Un projet de charte

Je n'ai jamais appartenu à aucun parti politique. En fait, j'ai toujours considéré que la politique était un jeu de société dont je ne connaissais pas les règles. Cependant, j'ai toujours voté parce que je crois que la démocratie est la « moins pire » des solutions, mais qu'elle est faite par des humains et que ces derniers sont vulnérables et imparfaits. Mon opinion sur l'indépendance du Québec s'est formée lors des cours d'histoire du Québec que donnait l'abbé Lionel Groulx à l'Université de Montréal. J'étais convaincue alors qu'il fallait se séparer du reste du Canada pour garder notre langue et notre identité. Ça me semblait logique. Je n'en parlais jamais.

Plus tard, en tant que jeune mère qui travaillait, qui gagnait de l'argent alors que la majorité des femmes restaient à la maison, je n'allais pas en plus avoir une opinion politique. Ç'aurait été trop. Quelques jours avant le référendum de 1995, j'ai pris position pour le Québec en refusant un prix canadien prestigieux. J'avais failli alors me joindre officiellement à la campagne pour le « Oui ». Je m'étais dit à l'époque que je ne serais qu'une goutte d'eau dans le torrent qui allait emporter le oui vers la victoire. J'ai regretté ma retenue.

Puis, Mme Marois a été élue première ministre du Québec. J'étais fière, très fière d'elle. Enfin une femme à la tête du Québec. Elle me prouvait que j'avais raison de prôner qu'une femme vaut un homme. Arrive alors le projet de charte sur la laïcité. Je suis d'accord à cent pour cent qu'une loi doit encadrer notre désir collectif de séparer le pouvoir religieux du pouvoir politique. Pour que les femmes aient le droit de vote, il a fallu qu'une loi soit promulguée. Sans cette loi, nous serions encore des sous-femmes. Je suis le débat sur la charte de près, jusqu'au jour où j'entends une jeune femme voilée se proclamer féministe. Je suis hors de moi ! Je n'ai pas lutté pour l'égalité entre hommes et femmes toute ma vie pour laisser passer cette énormité. Je n'en veux pas aux femmes voilées, j'en veux à la religion qui les force à se couvrir. Il faut faire quelque chose ! Je pense à une lettre ouverte dans les journaux. Je n'ai jamais, jamais utilisé cette tribune, mais la peur que la condition féminine recule me fait jeter sur papier quelques idées que je voudrais exprimer. Ce n'est qu'une demande de vigilance. J'ai connu ce que la religion catholique imposait aux femmes, j'ai peur d'un retour en arrière, du recul de l'égalité hommes-femmes. Je n'ai qu'un but : prévenir les femmes et les hommes du danger qui les guette. Je laisse reposer mon brouillon.

J'ai peur de m'impliquer, mais pourquoi une femme pourrait venir dire à la télévision que c'est par choix qu'elle porte le voile alors que, moi, je n'aurais pas le droit de dire que je ne la crois pas ?

Les Janette

Le lendemain, le téléphone sonne. C'est Julie Snyder. J'aime Julie depuis toujours. J'ai participé à ses toutes premières émissions. Je l'aime et je l'admire. Entre nous, il y a une complicité mère-fille réciproque. On ne se voit pas souvent, mais chaque fois, c'est comme si on s'était vues la veille. On s'aime, quoi ! On a des affinités. C'est une fonceuse comme moi. Elle est fragile comme moi.

Elle m'apprend qu'elle organise un souper de filles pour discuter du projet de la charte et qu'elle aimerait que je sois là. La coïncidence est énorme. Je l'accuse de voyance, on rit. À aucun moment il n'est question de politique.

Je préviens Julie que j'emmène mon amie Nicole-qui-sait-tout. Elle a fait des études de droit avant de diriger un cégep et a occupé un haut poste dans la fonction publique. Je me connais, je n'écoute que mon cœur, j'ai besoin que quelqu'un me ramène à la réalité.

Ce soir-là, dix-neuf femmes – des jeunes, des moins jeunes et une vieille, moi, des musulmanes, une juive hassidique, d'anciennes catholiques pratiquantes, une transgenre – discutent de l'opportunité de s'impliquer en faveur d'un projet de loi qui sépare l'État du pouvoir religieux.

Les femmes musulmanes présentes nous racontent comment, dans les pays qu'elles ont fuis, les femmes sont considérées comme des êtres inférieurs. Elles affirment que le danger de recul pour les femmes québécoises est grand, car petit à petit, si on n'y prend pas garde, les islamistes – une partie infime de musulmans, il faut le dire – vont imposer leurs lois ici. Elles nous parlent des méthodes employées pour subtilement s'ingérer dans nos façons de vivre. En demandant des accommodements de plus en plus déraisonnables pour nous.

Je suis rassurée, je ne suis pas la seule à penser qu'il y a péril en la demeure. Je sors mon brouillon de lettre, que je lis. Mes mots rejoignent leurs préoccupations; elles veulent signer avec moi. Plus de femmes d'origines et de cultures différentes signeront la lettre, plus celle-ci aura un impact. Michelle Blanc suggère alors que les cosignataires se nomment « les Janette » en signe de solidarité. Je suis heureuse que ma notoriété serve à quelque chose d'utile, d'indispensable, ce pour quoi je me suis battue toute ma vie : l'égalité entre les hommes et les femmes.

Ma lettre aux journaux

Aux femmes du Québec,

Toute ma vie, je me suis battue pour l'égalité entre les hommes et les femmes, et j'ai toujours pensé que, si nous voulions garder cette égalité, il fallait être vigilantes. En ce moment, le principe de l'égalité entre les sexes me semble compromis au nom de la liberté de religion.

J'aimerais vous rappeler que les hommes ont de tout temps, et encore de nos jours, utilisé la religion dans le but de dominer les femmes, de les mettre à leur place, c'est-à-dire en dessous d'eux.

Devant la perspective d'un retour en arrière, je sens le besoin de prendre la parole. Je suis donc d'accord pour qu'il y ait une charte des valeurs québécoises – souvent appelée à juste titre la charte de la laïcité – et que le gouvernement légifère.

À ce propos, nous n'aurions jamais eu le droit de vote, nous serions encore sous la domination des hommes et du clergé si le gouvernement de l'époque n'avait pas légiféré. En ce temps-là, je me souviens, beaucoup d'hommes et même des femmes ne voulaient pas de cette loi. Et pourtant, sans ce droit de vote, où serions-nous aujourd'hui ?

Extrait du mémoire que j'ai envoyé aux journaux :

« La loi sur la laïcité est une main tendue à toutes celles qui ont choisi le Québec pour fuir l'intégrisme ; une main tendue à celles et ceux qui désirent construire avec nous un Québec où les lois qui protègent les droits des femmes et des enfants ne sont pas les lois des religions.
« Grâce aux lois adoptées, il y a maintenant au Québec des femmes médecins, ingénieures, avocates, juges, entrepreneures, chefs d'entreprise, professeures d'université et plus encore… plusieurs sont députées et même une femme est première ministre ! Nous voulons que toutes les femmes, qu'importe leur origine sociale, culturelle ou religieuse, profitent de ces acquis afin de contribuer sur un pied d'égalité avec les hommes à l'avancement de la société québécoise. »

Ma lettre est publiée dans tous les journaux. Le téléphone ne dérougit pas. Il me semble que ce que je préconise est simple, qu'il n'y a pas à en faire tout un plat. Je sais, c'est mal connaître la politique et les médias. Je l'avoue, je suis la pire des stratèges. Je ne joue jamais aux jeux de société parce que je me fais toujours battre à plate couture, faute de stratégie justement. Je ne prévois jamais les coups bas des autres. Une chance, mon amie Nicole me conseille. Quant aux médias, je n'ai pas peur, ils me respectent, depuis les années que je les fréquente.

Je donne de nombreuses entrevues.

Chose curieuse, après chacune d'elles, je me sens comme une petite souris que l'on tente de refouler dans un coin pour l'attraper.

Décontenancée par cette approche inquisitrice, parfois accusatrice, je perds mes moyens et quelquefois, pas si souvent, je ne sais pas trop quoi répondre. Par exemple, quand Guy A. me demande à *Tout le monde en parle* si j'aurais peur de me faire soigner par une femme voilée, au lieu de lui parler de tous les médecins étrangers qui m'ont soignée, je pense à la fois où je suis sortie de mon sommeil dans la salle de réveil pour me retrouver avec une Asiatique qui me parlait en anglais. Or, j'avais oublié, encore sous l'effet de l'anesthésie, que je parlais anglais.

Je ne savais pas où j'étais. J'ai paniqué. Alors j'ai dit que, oui, j'aimerais mieux si c'était quelqu'un qui parlait ma langue. Je n'ai pas pensé un instant que, dans les circonstances, ça pouvait passer pour du racisme. J'ai raconté cette anecdote plutôt qu'une autre parce que c'est celle qui m'est venue à l'esprit. On en a fait des gorges chaudes sur les réseaux sociaux. C'était ma première erreur.

Je me donne le droit à l'erreur. Je suis la moins calculatrice des femmes, alors je continue ma lutte pour l'égalité entre les femmes et les hommes, tout simplement.

La marche des Janette

À une assemblée des Janette, il est proposé qu'une marche vienne ponctuer notre action.

Cette marche me fait un peu peur. Après tout, c'est mon nom qui est mis au premier plan.

Le matin de l'événement, il pleut. « Ça y est, il n'y aura personne ! » me dis-je.

Je m'amène à la place des Festivals. Des milliers de femmes et aussi d'hommes sont là, parapluie à la main. Ils scandent sans arrêt :

— Janette ! Janette ! Janette !

Pas d'estrade en vue, je grimpe sur une grue, poussée par-derrière par Julie. Ainsi juchée, je peux voir que la rue est remplie de Janette à perte de vue. Je prends la parole et remercie tous les participants d'être venus si nombreux malgré la pluie. Je suis émue d'avoir été comprise par tant de gens. Je suis fière d'entendre toutes ces femmes et tous ces hommes se proclamer des « Janette ».

Une jeune « Janette » lit la lettre ouverte. Elle est acclamée par la foule. C'est un grand moment.

J'apprendrai le lendemain que vingt mille femmes et hommes ont appuyé les Janette dans mon combat pour l'égalité entre les hommes et les femmes.

Forte de constater que j'avais de l'influence sur la population, je décide d'appuyer Mme Marois, malgré l'avis d'André Monette, qui me connaît bien et qui sait que, ne parlant pas la même langue que les politiciens et étant de nature plutôt « politiquement incorrecte », je vais me faire ramasser. Donc, n'écoutant que mon cœur, pas ma raison, je joins Mme Marois pour lui offrir mon appui.

Elle accepte. Il est entendu que je ferai mon *coming out* indépendantiste à une assemblée du Parti québécois et que le lendemain, par amitié pour Djemila Benhabib, une Janette que j'admire, je me rendrai dans sa circonscription pour lui donner un coup de pouce.

Naïve ! Naïve ! Naïve ! Je ne sais pas alors que je vais devenir la cible de tous les ennemis du Parti québécois. Je veux juste aider Mme Marois à obtenir une forte majorité afin de faire passer la loi sur la laïcité qui garantit la neutralité religieuse de l'État ainsi que l'égalité entre les hommes et les femmes. Je ne veux rien de plus. Et puis, faut l'avouer, je suis si fière qu'une femme soit première ministre que je sens le besoin de l'appuyer.

Le soir de l'assemblée, Jean-François Lisée me demande si j'ai écrit un discours. Je lui réplique que je ne suis pas une politicienne, que quand je prends la parole, je suis mon cœur et non pas un papier. Je parle à peine cinq minutes. Je dis simplement la vérité : que c'est la première fois que j'appuie un parti, que j'aurais dû le faire avant.

Étrange ! Au retour, chez moi, je me sens bizarre. C'est comme si j'étais coupable de quelque chose. C'est comme si je réalisais que je n'ai pas ma place à une assemblée politique.

Dans quoi je me suis encore embarquée ? J'aurais donc dû me bercer et me taire.

Le lendemain matin, je vais à Laval appuyer Djemila malgré l'opposition de Nicole et d'André, qui me voient m'engager sur le terrain glissant de la politique. Je veux aider Djemila, je crois en elle, et je la vois très bien changer les mentalités. Au lieu de refaire mon petit discours – je ne veux pas radoter –, je me mets en frais de démontrer que le danger de recul pour l'égalité hommes-femmes est bien présent et insidieux. Je prends un exemple dans ma vie, comme je le fais toujours.

« J'habite un immeuble où il y a une piscine. Imaginons que les islamistes qui ne peuvent pas se baigner avec des femmes demandent la piscine pour eux seuls un jour par semaine et imaginons que le gérant, pour être aimable, accepte cet accommodement. Après, ce sera deux jours et on en viendra vite à séparer les hommes des femmes de la piscine. »

Je sais qu'à Montréal il y a des heures de piscine séparées pour les hommes et les femmes pour des motifs religieux, mais je veux parler d'une situation tirée de ma vie pour prouver à quoi peuvent mener les accommodements raisonnables.

À la fin de ma courte allocution, je suis contente. J'ai été claire et brève. On boit un café dans la joie, personne ne me fait de reproches. Je rentre à la maison.

Rien ne me faisait penser que quelques heures plus tard des journalistes politiques se jetteraient sur un bout de phrase de mon allocution et en feraient tout un plat, un plat empoisonné.

Quelqu'un a enfin trouvé une faille ! Hourra ! Ils s'y mettront à plusieurs pour la creuser avec un plaisir évident.

Ce sera aux nouvelles de toutes les stations de radio et de télévision. J'ai fait, paraît-il, une immense gaffe que je n'arrive pas à comprendre.

— De quoi elle se mêle ?

Comme si je n'avais pas, moi, le droit à ma liberté d'expression.

Je passe une semaine affreuse à entendre les commentaires outragés de quelques journalistes politiques. Ils me tapent dessus à tour de bras comme s'ils étaient contents d'attaquer une personnalité populaire ; le syndrome de la haie de cèdres.

Et puis l'âgisme se montre le nez, un gros nez.

— Elle n'a rien compris ! Elle est en retard sur son temps ! Elle est dépassée ! Raciste. Elle ne comprend pas, à son âge ! Elle est vieille ! Sénile !

Les journaux en ont rajouté.

Quelques journalistes politiques que je peux compter sur les doigts d'une main ne m'ont pas condamnée et ont même pris ma défense. Merci ! Je ne les oublierai jamais.

Applaudie au Parti québécois hier, je suis devenue la femme à abattre aujourd'hui.

Finalement, ce que l'on me reproche, c'est une prise de parole à mon âge. Comme si, lorsqu'on est vieux, on devait se taire.

Personne, ni du bureau de Mme Marois, ni du Parti québécois, ne me donne signe de vie. Je suis blessée.

Une chance que Donald, André, Nicole, ma famille, mes amis m'ont entourée. J'en avais besoin.

Le public pour un temps a cessé de me sourire, il m'évitait, détournait les yeux, faisait semblant de ne pas me voir.

Des mois ont passé. J'ai rebondi. J'oublie. C'est oublié !

Je ne comprends toujours pas ce que j'ai dit de si grave ce jour-là, mais je sais maintenant que je ne dois pas jouer à un jeu dont je ne connais pas les règles, les sales règles. J'ai appris. Et il n'y a pas d'âge pour apprendre.

L'amitié entre un homme et une femme

Il m'a toujours été difficile d'avoir un ami homme. On s'entendait bien, on se comprenait, on trouvait du plaisir à travailler ensemble, et puis, un soir de *party*, l'alcool aidant, mon ami voulait devenir mon amant. Catastrophe ! Je perdais l'ami. Le désir avait ruiné l'amitié, et souvent le travail s'en ressentait. J'aurais quand même aimé avoir un ami, mais ça n'a pas été possible jusqu'à ce que je fasse la rencontre du producteur de *Parler pour parler* et d'*Avec un grand A*, à Radio-Québec, André.

Nos rapports relevaient d'abord du respect. De part et d'autre. Il avait vingt-cinq ans de moins que moi, mais il dégageait une autorité naturelle. Je lui ai tout de suite fait confiance. Il n'a pas voulu me mettre à sa main, me montrer que c'était lui le *boss*. Dès le départ, nous avons eu des rapports égalitaires. De plus, je le sentais prêt à m'appuyer dans mes luttes avec la direction. Petit à petit s'est développée entre nous une attirance qui n'avait rien de sexuel. On partageait la même sensibilité. Et puis il m'écoutait quand je parlais, savait se mettre à ma place d'auteure et de directrice de comédiens. J'ai toujours eu de la difficulté à négocier avec des patrons parce que j'avais vite l'impression d'être « rien qu'une fille ». Avec lui, je me sentais importante tout en étant femme. Ce n'était pas de l'amour, j'étais follement amoureuse de Donald, mais c'était sûrement de l'amitié. Je m'attendais à ce qu'il me tasse dans un coin, mais non, pas lui. Un jour, je rentre dans son bureau, il est au téléphone. Quelques mots et je comprends que l'autre, au bout du fil, est son amoureux.

— T'es en amour !

Il rit, acquiesce. Je viens d'apprendre qu'il est gai. Je suis soulagée. Je vais pouvoir avoir un ami sans que le désir vienne tout gâcher. Avoir un ami gai, c'est la tranquillité d'esprit entre deux personnes de sexes différents, c'est de l'amitié qui a évacué tout ce qui rend la relation homme-femme compliquée. C'est de l'égalité homme-femme à l'état pur. L'un peut montrer son côté féminin, l'autre, son côté masculin. C'est ô combien reposant de ne jamais avoir à déployer ses charmes physiques pour obtenir quelque chose.

Ça fait plus de trente ans que mon ami André est dans ma vie. Et par le fait même dans la vie de Donald. Il est aussi l'ami de mes enfants et petits-enfants. Et on fait des projets de travail et de vacances ensemble. Lui et moi, c'est du solide.

Avoir un ami gai, c'est un cadeau de la vie. Je le souhaite à toutes les femmes.

Écrire

Écrire est un art, mais c'est aussi un travail. De longues heures à créer, à corriger, à douter, à recommencer. « Cent fois sur le métier remettez votre ouvrage. » Écrire, c'est réécrire sans cesse. C'est une discipline de fer. D'abord, des mois de recherche, et puis la solitude devant l'écran de l'ordinateur, la peur de ne pas être bonne, la peur que le public n'aime pas. C'est un travail qui est un plaisir de l'esprit, le plaisir d'inventer des personnages et de les faire interagir dans une intrigue de son cru. J'ai l'intention d'écrire tant que j'aurai la tête et les mains en bonne condition. Mais oui, je pourrais arrêter, ne rien faire.

Pourquoi, à mon âge, travailler encore ?

Il y a trois raisons.

La première : pour gagner ma vie.

Il y a un plaisir à gagner sa vie. Je trouve gratifiant de recevoir l'argent de mon travail. Il n'y a pas si longtemps, les femmes ne possédaient que ce que leurs maris voulaient bien leur laisser comme argent de poche. J'aime gagner des sous comme un homme, autant qu'un homme. Pour l'estime de soi, la confiance en soi, il n'y a rien de mieux. J'exige toujours d'être payée autant qu'un homme. Longtemps exploitées, nous sommes encore payées trente pour cent de moins que les hommes[*].

La deuxième raison : pour exister socialement.

C'est sur le lieu du travail que se nouent des relations. Travailler, c'est rencontrer des gens, se réunir, coopérer, se faire des amis et des connaissances. C'est avoir une vie sociale en dehors de la maison.

La troisième raison : être quelqu'un.

Dès qu'on a quatre ou cinq ans, on nous demande :

— Qu'est-ce que tu vas faire plus tard ?

— Être pompier, vétérinaire.

Quand on a quatre-vingts ans, personne ne nous pose jamais la question de peur de se faire répondre : mourir ! Les plus jeunes sont persuadés que, parce que les retraités ne travaillent pas, ils ne font rien de leur vie, et des fois, c'est vrai. Il y a des gens qui ne font rien de leur vieillesse. Ils attendent la mort dans l'ennui. Si c'est leur choix, tant mieux. Ce n'est pas le mien. J'ai absolument besoin de sentir ma tête fonctionner au quart de tour. J'ai besoin d'écrire pour me prouver que je suis vivante.

Je sais bien que je vais mourir, mais je n'attends pas la mort, je vis pleinement, et pour moi, vivre, c'est écrire.

---

[*] *Manifeste des femmes. Pour passer de la colère au pouvoir*, collectif, Québec Amérique, 2015.

On m'objecte :

— Quoi de plus agréable qu'une matinée à flâner au lit ?

Oui, bien sûr, à condition d'avoir quelque chose à faire le reste du temps.

Je ne suis pas une contemplative, mais une active.

Je ne crois pas que le « rien faire » meuble une vie, mais je peux me tromper.

Les petits mensonges des retraités

— Je n'ai jamais été aussi occupé que depuis que je suis à la retraite.

Belle excuse pour flâner sans jamais s'intéresser à rien et encore moins se passionner.

— Je n'arrive pas à faire tout ce que j'ai à faire. Le soir, je suis au coton.

Je comprends, à niaiser toute la journée à regarder passer les heures, le soir venu, on est vidé.

— C'est elle qui ne veut plus faire l'amour, moi, je voudrais.

— C'est lui qui ne peut plus, moi, je voudrais.

Et si vous vous parliez les yeux dans les yeux de vos trente ans à venir dans le lit double ?

— On est ben mieux de vivre seul. Pas de conflits, pas de chicanes, pas de concessions.

Pas de tendresse, pas de caresses non plus.

À l'aube de la vieillesse, chacun doit se demander :

— Qu'est-ce que je veux ?

— Comment je veux vieillir ?

Choisir la vie qu'on a envie de mener – et assumer son choix – est primordial pour être en paix avec soi et ainsi avoir une belle vieillesse.

— Je suis actif, je tonds le gazon, je pellette la neige.

— Je suis active, je magasine, je regarde la télé.

Pour combler les trente ans de vie après la retraite, il faut plus que le quotidien, il faut une raison de se lever le matin, une raison de vivre, chaque jour, un but, des activités qui vous passionnent et vous rapportent un peu d'argent si possible. Trente ans, c'est long pour vivre sur le vieux gagné.

— À ma retraite, je vais faire du sport.

Si le sport n'est pas votre tasse de thé, je doute que vous vous embarquiez dans le tennis ou dans le hockey au début de la retraite.

— À ma retraite, je vais voyager.

Les voyages occupent peu de jours dans l'année. Deux semaines, trois semaines ? Que faire le reste du temps ?

— La retraite, c'est le paradis sur terre.

Ben non, la retraite n'est pas le paradis que la publicité nous promet, mais si vous acceptez de vieillir et appréciez ce que vous avez, vous allez connaître le bonheur, un certain bonheur, moins exubérant, moins pétillant, mais plus profond. Moins d'énergie, plus de liberté. Quand le temps nous est compté, il est idiot de le perdre en s'ennuyant.

— La société, le gouvernement, la médecine s'occupent des vieux.

Oui, physiquement, on s'occupe de nous, mais qui s'occupe de notre peur d'être une charge pour nos enfants ? Qui prend soin de notre angoisse face à la mort ? La médecine allonge la vie, mais qui va lui donner un sens ?

A-t-on demandé aux vieux s'ils veulent mourir centenaires ?

J'ai quatre-vingt-dix ans!

Je ne l'ai pas vu venir! Pendant dix ans, je me tenais dans les quatre-vingts et puis un bon 25 mars, je passe au grand âge du jour au lendemain. Il y a dix ans, j'avais rien que quatre-vingts et dans dix ans j'aurai cent ans. Ce qui veut dire que dans les prochaines années la mort va m'avertir qu'elle s'en vient en me donnant un aperçu de ce qui va m'arriver. Est-ce que je veux vivre ça?

Mais comment faire pour ne pas vivre ces années-là?

La seule autre option, c'est le suicide. Jouer un tour à la mort en me l'administrant moi-même à l'heure et à la date de mon choix.

Non!

Je ne peux pas faire ça à mon amoureux, à mes enfants, au reste de la famille, à mes amis, aux lecteurs qui me suivent.

Non, il n'en est pas question ! Je veux leur donner l'exemple d'une femme qui vit à cent pour cent dans l'amour, celui qu'elle donne et celui qu'elle reçoit. Je veux donner l'exemple d'une petite vieille épanouie, sereine, active.

Je ne veux pas me priver de dix ans de petits et grands plaisirs. Je veux profiter de mes trois enfants, de mes petits-enfants, de mes arrière-petites-filles. Je veux connaître les enfants pas encore nés de mes petits-enfants. J'ai contribué du mieux que je le pouvais à tricoter serré une famille qui s'aime, je ne vais pas la laisser en plan. Je veux être là pour mes proches, pour moi. On est si bien ensemble ; ce serait bête que je parte.

— Oui, mais une petite vieille, c'est encombrant, ça dérange les enfants.

Pourquoi les vieux ont-ils si peur de déranger leurs enfants ?

Nous leur avons donné vingt ans de notre vie, des fois plus, ils sont en dette envers nous, pas nous envers eux.

Garder ses vieux parents, s'en occuper alors que notre vie est déjà remplie à ras bord d'activités, ça ne semble plus possible. On plaint les « pauvres enfants » qui ont un parent vieillissant. On ne plaint pas celui qui vieillit. Il aurait eu beau mourir jeune !

Les vieux qui se sentent de trop avec leurs fils ou leurs filles se jettent sur les résidences pour ne pas être un poids. Dans une société où le téléphone intelligent, l'ordinateur sont désuets après deux ans, il semble normal de se débarrasser de tout ce qui est vieux, les petits vieux compris.

— Encageons les vieux tous ensemble pour qu'ils ne viennent pas emmerder les autres.

— Ils ont fait leur temps.

— Maman est très bien dans son foyer, très heureuse. Je suis allé la voir le mois passé. En tout cas, moi, je suis mieux !

J'ai entendu les pires horreurs sur les parents âgés.

Les vieux de demain, les baby-boomers, ont du travail à faire pour changer les mentalités.

— Mais comment lutter contre les stéréotypes négatifs de la vieillesse, du genre « Tasse-toi, mon oncle » ?

En brisant cette image nord-américaine que le monde est fait pour la jeunesse.

Je me suis donné une mission : montrer qu'on peut vieillir dans la joie et l'amour, plus que des paroles, c'est la façon dont on vieillit qui sert d'exemple, qu'on le veuille ou non. Je rêve de voir à la télévision des vieux qui s'aiment, se désirent, se caressent, et que ce ne soit pas une exception, mais la télévision n'est pas encore prête, ni le cinéma : des vieux qui s'aiment, c'est indécent. C'est encore un tabou. On préfère nous les montrer soit gisant sur un lit de douleur, soit se conduisant comme des enfants. Je ne me reconnais pas dans ces personnes âgées.

Ah ! Si j'étais une baby-boomer...

Je veux qu'on traite les vieillards en humains ayant acquis au cours des ans une expérience qui peut servir aux plus jeunes. Je veux qu'on garde aux vieux du respect.

« En vieillissant, autant notre corps est plus dépendant, autant notre esprit est plus indépendant », a écrit Stéphane Laporte*. J'ajouterai : autant notre jugement est sûr, notre tolérance est grande, notre capacité d'aimer est infinie. À quatre-vingt-dix ans, on regarde la vie de plus loin, on ne s'attarde plus aux détails. On va à l'essentiel, et l'essentiel, c'est l'amour.

Je ne suis pas de ceux qui disent « J'ai eu une belle vie » ! Comme s'ils étaient morts !

Moi, « j'ai » une belle vie. La vie est là, j'en profite ! C'est le temps de chercher à faire ce qu'on n'a jamais le temps de faire, de développer des parties de nous-même qui n'ont pas été utilisées, d'entrer en apprentissage ; cuisine, informatique, peinture, tricot, etc. Et puis de faire profiter les autres de notre savoir.

— Je ne sais rien. Je n'ai rien à offrir aux autres.

Chacun de nous est riche de ses rencontres, de tous les livres lus, de son expérience de vie. Chacun de nous a quelque chose à apporter aux autres, quand ce ne serait que l'image d'une vieillesse heureuse.

---

* Stéphane Laporte, *La Presse*, 6 juin 2015. http://plus.lapresse.ca/screens/521efaf8-a6ac-4ab3-a90d-6359ab00815a|_0.html

Mon avenir

Sera-t-il long, sera-t-il court ? Je l'ignore. En tout cas, il sera serein, calme, mais inquiet.

Je suis inquiète pour les femmes.

Après avoir passé ma vie à lutter pour que les femmes soient égales aux hommes, je me serais attendue à une certaine paix entre les sexes. La guerre entre nous me semblait terminée. Je m'attendais à ce que les hommes répondent avec enthousiasme à nos mains tendues. En paroles, oui. Pas un homme n'ose s'affirmer contre l'émancipation des femmes, mais dans le privé, il en est autrement. On se trouve aujourd'hui à l'époque des représailles sous forme de viol, de harcèlement, de violences de toutes sortes faites aux femmes. Comment se fait-il que des viols perpétrés pendant les guerres ne soient pas systématiquement remis en question par les grands de ce monde ?

— On n'est pas en guerre ici. Ici, c'est mieux.

C'est vrai, ici la guerre ne donne pas aux hommes le droit de violer les femmes ennemies, mais les hommes continuent à regarder de la porno, là où la femme est un objet, rien de plus, soumis à leurs plaisirs. Les hommes continuent d'aller aux danseuses comme s'ils avaient besoin pour se faire du bien de regarder des femmes-objets. La prostitution sévit encore, avec pour excuse que c'est le plus vieux métier du monde. S'il n'y avait pas d'hommes pour payer, il n'y aurait pas de femmes pour vendre leurs corps.

Tant qu'il y aura de la prostitution, il n'y aura pas d'égalité. Tant que les femmes autochtones ne seront pas considérées comme de vraies femmes et non comme des êtres inférieurs, il n'y aura pas d'égalité. Tant que les hommes se serviront de leur force physique pour nous battre, il n'y aura pas d'égalité. Quand j'apprends que des filles de quinze, seize ans se laissent bousculer, gifler, poussailler par leurs jeunes amoureux, je désespère d'en arriver un jour à l'égalité.

Le féminisme a fait du chemin au Québec, mais des études récentes sur la violence conjugale me découragent. Ce ne sont pas les femmes qui battent leurs maris – bien que ça puisse arriver, mais il y a de très nombreuses femmes qui chaque jour se font battre par des conjoints possessifs. Des jeunes filles, pour plaire à leur chum, doivent accepter des gestes sexuels vus dans la porno, se rasent le pubis pour ressembler aux stars du X.

La pornographie fait partie des représailles, du « retour en arrière » afin que les femmes redeviennent ce qu'elles étaient, des êtres inférieurs.

Nous n'arriverons pas à l'égalité sans l'accord des hommes, sans leur collaboration, leur complicité. Quand vous déciderez-vous, messieurs, à nous aider à être vos égales ? À prendre la parole pour nous ! À nous défendre, à faire taire les machistes, les grossiers personnages qui font des farces plates sur les femmes ? Quand cesserez-vous, lors d'accusations de harcèlement, de prendre parti pour l'agresseur par solidarité masculine ?

À moins que dans le fond vous ne la vouliez pas, cette égalité ?

La douleur et moi

J'ai mal au bas du dos. Je souffre de brûlures causées par les nerfs écrasés par des disques usés dans ma colonne vertébrale. Ce n'est pas très scientifique, mais c'est ce que je comprends. Et ça ne va pas en s'améliorant! Je sens que j'ai épuisé les ressources du physiatre et du rhumatologue, excellents par ailleurs, qui me suivent. Il me faut autre chose, mais je ne sais pas quoi. Rester debout ou marcher cinq minutes déclenche des douleurs de plus en plus insoutenables. J'ai beau avoir une canne, un déambulateur et un fauteuil roulant, la douleur ne me lâche pas. Je suis souffrante et déprimée. Moi qui suis une boule d'énergie, je suis confinée à ma chaise berceuse. Puisque ça va de mal en pis, je me vois mal vivre longtemps. Je suis découragée.

Voilà qu'un jour, par hasard, quelqu'un me parle de l'Institut universitaire de gériatrie de Montréal.

Connais pas ! Jamais entendu parler ! Et puis, le mot « gériatrie », je déteste. C'est un mot qui fait vieux et malade. Toujours est-il que je mets mon préjugé de côté et je prends rendez-vous. C'est le Dr David Lussier, spécialiste de la douleur, qui me reçoit et qui prend le temps de m'expliquer que la douleur est une expérience sensorielle et émotionnelle, jamais psychologique, et qu'il s'agit ici de faire la gestion de ma douleur. Il a étudié mon dossier, il sait ce que j'ai, une sténose spinale (nerf coincé au niveau de la colonne), et il va traiter ma douleur de façon que je sente un mieux-être. Il me prescrit un médicament en timbre, nouveau sur le marché, des opiacés. Comme j'ai peur de devenir une vieille droguée, il prend le temps de m'expliquer comment ce médicament va servir non pas à mon plaisir, mais à enlever ma douleur. Je finis par comprendre. Il ne me demande pas de le revoir, mais plutôt de communiquer avec lui par courriels, auxquels il répondra sans faute.

Je me sens prise au sérieux, prise en charge. L'espoir renaît.

Je l'ai revu après cinq mois de traitement. Je suis entrée dans son bureau, guillerette. Moi qui me penchais en avant pour moins souffrir, j'avais le dos droit. J'avais le goût de l'embrasser (je me suis retenue), mais je l'ai quand même appelé « mon sauveur ». Je lui ai même offert de devenir porte-parole de l'Institut universitaire de gériatrie et je mordais dans le mot « gériatrie » comme dans un bonbon. Je pense qu'il m'a trouvée un peu excessive, mais depuis cinq mois, je marche au moins une heure sans aucune souffrance et je me suis remise à mes chaudrons. Ce que mes proches remarquent le plus est que je suis toujours de bonne humeur, que je me suis remise à chantonner. Je ne le faisais plus depuis quelques années.

Je suis redevenue la Janette d'avant ou presque.

Comme j'ai eu la chance de découvrir cet institut, je veux le faire connaître à tous les vieux et les vieilles de soixante-cinq ans et plus.

D'abord, j'ai découvert un spécialiste de la douleur. La médecine, il n'y a pas si longtemps, s'attardait surtout à guérir les maladies. Peu d'heures étaient consacrées à la douleur.

J'ai découvert, en plus, un service de consultation externe pour les problèmes de mémoire, de dysphagie (difficulté à avaler), d'incontinence, de sommeil. Un CHSLD privilégié, puisque c'est là que les médecins et les étudiants en médecine viennent apprendre comment améliorer le quotidien des personnes âgées.

Une unité de courte durée qui offre des évaluations.

J'ai découvert aussi un centre de promotion de la santé où on offre des cours de yoga, de relaxation, de méditation et autres.

Avant-âge offre en plus des conférences et cours de tout genre pour le mieux-être de la population vieillissante.

C'est aussi le plus grand centre de recherche en gériatrie francophone au monde !

Pour plus de renseignements, allez sur le site : www.iugm.qc.ca

J'ai appris du Dr Lussier que la douleur n'est pas normale. On peut être vieux et n'avoir mal nulle part, il est faux de croire que plus nos sens diminuent, moins on ressent la douleur.

J'ai appris qu'il n'y a pas de honte à se plaindre de ses douleurs. À l'institut, on vous écoute attentivement.

J'ai appris qu'il y a toujours quelque chose à faire pour améliorer la qualité de vie des personnes âgées et qu'il n'y a pas deux personnes qui vieillissent de la même façon.

Merci, docteur Lussier !

— On n'ajoute pas des années à la vie, mais de la vie aux années, me dit le docteur.

Avant que je parte, il m'a confié qu'il souhaitait que son institut soit aussi connu que l'Institut de cardiologie. Pas pour la renommée, mais pour que plus de gens âgés en profitent.

J'y contribue avec toute ma reconnaissance.

Les livres comme compagnons de vie

J'ai eu la chance quand j'avais six ans d'attraper l'herbe à puce au chalet de mes parents à Repentigny. Mon chien aux longs poils se roulait dans l'herbe à puce, je le flattais et entretenais ainsi des milliers de petits boutons piquants. Pour me consoler de ne pas pouvoir courir dehors, me baigner comme mes grands frères, mon père m'apportait des livres. J'ai passé de nombreux étés à lire sur la galerie et j'ai acquis une vraie passion pour la lecture. Plus tard, pendant mon année passée au sanatorium, si je n'avais pas eu accès à la bibliothèque du docteur qui me soignait, je serais morte non pas de tuberculose, mais d'ennui. Le livre est pour moi plus qu'une distraction, c'est un moyen de fuir la réalité, c'est une université. J'ai appris dans les livres tout ce que je sais sur l'être humain et je continue d'apprendre. On peut dire que les livres sont une drogue dure pour moi. J'ai tellement peur d'en manquer que, en plus d'en acheter dans les librairies pour le plaisir de me faire conseiller, je me rends dans des librairies d'occasion pour l'excitation de trouver des trésors. J'emprunte des livres à mes enfants, à mes amies, à une bibliothèque publique que je fréquente depuis des lustres. Je vis entourée de livres.

Mon amie Nicole s'est un jour exclamée en entrant chez nous, au lac :

— Mais il n'y a pas une surface plate où il n'y a pas de livres ici !

Quand la bibliothèque de mon bureau déborde, je les donne pour en faire jouir d'autres. En effet, quoi de plus jouissif que de laisser sa vie en plan pour embarquer dans la vie des autres, réelle ou fictive ? Et s'il en reste, je les offre à des maisons pour femmes en difficulté. Je n'accumule pas, je partage. Je lis des biographies, des romans, des livres de psychologie, de philosophie, des récits. Avoir des livres plein la maison, c'est s'assurer de continuer à apprendre, s'assurer de pouvoir prêter, échanger. J'aime relire. À Noël et à mon anniversaire, je demande des livres comme cadeaux. Je propose une liste à ma nombreuse famille. Je les mets de côté sur ma table de chevet pour plus tard, comme on met au congélateur le foie gras, pour le temps des fêtes. On sait qu'il est là, on attend le moment privilégié pour le savourer. C'est du plaisir en banque. Je m'assure d'avoir ma drogue à portée de la main. Je ne suis pas la seule droguée de lecture. Je connais de nombreuses retraitées qui font partie de clubs de lecture, qui se rencontrent régulièrement pour discuter de leurs trouvailles. Riche activité !

— Ça n'existe pas par chez nous, des clubs de lecture !

Créez-en un ! On se réunit à quatre ou plus. On lit le même livre et, un mois plus tard, on en discute autour d'une tasse de thé ou d'une bouteille de vin. Le bonheur !

J'aime vivre au milieu de mes livres préférés. Les œuvres complètes de Colette, de Balzac, de Stefan Zweig, de Zola, d'Albert Cohen, de Simenon sont dans ma bibliothèque en attente, au cas où je manquerais de livres. Je pourrais toujours me délecter d'eux encore une fois.

Quand nous, les grands-parents, donnons des livres à nos petits-enfants, nous leur faisons un cadeau précieux qui va influencer leur vie entière. Nous leur donnons le goût de lire.

— J'ai jamais lu, je vais pas commencer à mon âge.

On peut commencer à tout âge à avoir du plaisir. Il s'agit juste de débuter par des livres faciles à lire.

— Je vois pas ben clair pour lire.

Certains livres sont écrits en gros caractères. Tous les miens, entre autres.

— Je sais pas par quoi commencer.

Nombre de femmes m'ont avoué qu'elles n'avaient jamais lu de livres avant les miens.

De toute façon, les libraires et les bibliothécaires se font un plaisir de vous aider à choisir des livres qui vous conviennent. Si vous n'avez personne qui lit autour de vous, demandez à des jeunes de vous faire venir des livres par Internet.

— Je suis quasiment aveugle…

Il existe des livres pour aveugles, qu'on écoute.

Les livres sont là pour embellir la vie, pour faire oublier les bobos, la solitude, tout en nous apprenant à vivre. Les livres sont des amis fidèles. Ils réussissent à nous faire rire, pleurer, ils font voyager, instruisent, meublent le vide. Je serais folle de m'en passer.

Rester active

C'est bien beau, lire, mais il faut pour vieillir en forme rester actif. J'ai été active toute ma vie ; je ne marchais pas, je courais. Yoga, danse, gymnastiques de toutes sortes, Pilates, aquaforme... Je n'étais pas juste active, j'étais hyperactive. Depuis que j'ai quatre-vingt-dix ans, marcher est devenu un exercice difficile et j'avoue que le goût de m'asseoir et de ne rien faire m'assaille parfois.

— Bougez ! Activez-vous ! Faites du sport, de l'exercice ! disent les docteurs.

Parfois, j'aurais envie de dormir, de rester là à attendre la mort, qui ne saurait tarder. Il y en a qui le font, pourquoi pas moi ? J'ai fait le choix de vivre ma vie jusqu'au bout, alors j'enseigne, je sors en déambulateur ou, si ce n'est pas loin, avec ma canne d'un côté, un bras de l'autre. Il m'arrive d'aller magasiner en fauteuil roulant si j'ai quelqu'un pour le pousser.

Je planifie même un voyage à New York pour revoir les musées et magasiner, avec Donald comme chauffeur évidemment. Je vais au théâtre, au cinéma, au restaurant. Je fais à manger, moins, mais quand même. Je me force à manger des protéines pour pouvoir durer toute la journée.

Je me repose en lisant.

J'ai autant besoin d'écrire que de lire.

Écrire est un plaisir, mais c'est aussi une activité fatigante pour le corps ; mes mains et mes jambes s'engourdissent parfois. Je dois me lever, exécuter quelques pas pour continuer à écrire.

La passion de vivre

Marie a quatre-vingt-deux ans. Elle vit seule depuis que son conjoint est mort il y a dix ans. Elle n'est pas unique. Comme elle a été infirmière toute sa vie, au début de la retraite, elle s'est reposée, elle en avait bien besoin. Ensuite, elle a fait des projets de voyage avec son mari. Comme il est mort subitement, elle s'est retrouvée seule. Pas de travail, pas d'amies. Elle s'est repliée sur elle-même. Elle a revu ses anciennes compagnes de travail, mais n'a pas donné suite aux rencontres : rien à se dire. Elle a voulu apprendre la peinture. Elle a remis chaque année son projet. Elle a voulu faire du bénévolat, n'a rien trouvé à son goût. Et puis elle a pris l'habitude de regarder la télévision et son iPad à longueur de journée en jaquette.

— Pourquoi s'habiller ?

Elle n'a plus fait de repas.

— Cuisiner pour une personne, ça vaut pas le coup.

Alors elle ne s'habillait que pour faire son épicerie une fois par semaine puis a fini par trouver que c'était trop fatigant, si bien qu'elle commande maintenant ses repas par téléphone. Elle mange des cochonneries, pas de vrais repas. Elle les commande en ligne aussi.

Elle ne rappelle pas son fils qui l'invite chez lui. Trop forçant ! Trop loin ! Elle se néglige, ses cheveux se font rares, son ventre est devenu gros. Son univers rapetisse. Il n'y a pas de place pour les autres dans sa vie. Elle a glissé doucement mais sûrement dans l'inaction puis dans la solitude. La pente est facile. Beaucoup de personnes seules s'excluent elles-mêmes de la société. C'est à éviter à tout prix si on veut avoir une belle vieillesse.

Oui, c'est fatigant pour moi, faire la cuisine, recevoir les petits-enfants, les amis, écrire tous les jours, sortir, prouver qu'on peut être vieux et aimer la vie, se sentir utile. Mais avant tout, ça me rend heureuse et ça donne un sens à ma vie. Je me suis élue chef de ma famille, comme mon père l'était. J'ai ma chaise à bras au bout de la table, comme lui. Vous devriez me voir trôner. Finalement, c'est plus pour imiter papa que pour faire preuve d'autorité que j'ai accaparé le bout de la table. Je suis fière de ma tablée. Je suis fière que Donald m'assiste, et reconnaissante aussi. Sans lui, plus de chalet, plus de gros *partys* de famille. Je sais, moi, que ma famille est devenue sa famille. Je suis fière de mes enfants et de leur progéniture. Je les prends tels qu'ils sont et ils m'acceptent, moi, comme je suis.

Il est essentiel pour une vieillesse épanouie de se donner des raisons de vivre. Il est reconnu que les artistes vivent vieux parce que leur passion les garde jeunes, alors on a tout avantage, à la retraite, à se trouver une passion.

J'entends des femmes soupirer.

— Je suis pas capable.

— Je suis bonne dans rien.

— Je serai pas à la hauteur.

À la hauteur de quoi, de qui ?

Ce qu'on fait avec passion n'a pas besoin d'être parfait. On fait ce qu'on peut et de son mieux et c'est beaucoup.

Trouvez ce que vous aimez et faites-le avec plaisir, du mieux que vous le pouvez. Il n'y a pas de mérite à être jeune, mais il y en a à se rendre jusqu'au bout de la vie en souriant. Bien vieillir, c'est une passion à laquelle je travaille chaque minute de ma vie.

La vie comme passion.

Demain

De quoi demain sera-t-il fait ? Il me reste deux, trois, six, dix ans à vivre ? Je ne veux pas battre de record.

Quand j'avais quatre-vingts, je ne voulais pas me rendre à cent ans parce que, dans mon souvenir, une centenaire c'était une petite vieille si frêle qu'un souffle l'aurait jetée par terre. Mais depuis, j'ai rencontré des centenaires fraîches, pimpantes et à l'intelligence vive et je me suis dit : « Pourquoi pas ? »

Lorsque j'apprends qu'une voisine vient de mourir à quatre-vingt-quinze ans d'une longue et pénible maladie, je me dis : « Je ne veux pas. »

Et puis, je me rassure : il y a aussi des centenaires qui meurent dans leur sommeil. Tiens, je choisis de mourir ainsi. Ce n'est pas une exigence, juste un rêve.

Je prendrai la mort que la vie me donnera.

En attendant, je fais des plans.

Après ce livre, je m'attaque à un autre, un roman cette fois. J'ai déjà mon sujet, la bisexualité, un sujet tabou. J'ai même entrepris mes recherches, mine de rien. Je compte commencer à l'écrire dès le mot de la fin.

À l'automne, après vingt ans d'enseignement d'écriture dramatique pour la télévision à l'Inis, je vais plutôt donner des cours ici et là au Québec. Je ne sais pas encore de quelle façon.

Le cours sera destiné à ceux et celles qui veulent écrire des histoires – nouvelles, romans, scénarios pour la télévision, le cinéma, des courts métrages – et qui ne savent pas comment faire.

Je veux partager avec le grand public ma passion de l'écriture en lui enseignant les principes que j'ai mis des années à maîtriser. Ce serait bête que mon savoir se perde. J'aimerais en faire profiter le plus de monde possible.

Et puis, s'il me reste du temps, j'aimerais donner des conférences aux baby-boomers sur l'art de vieillir. Ou encore aller rencontrer des jeunes filles pour leur enseigner l'histoire récente des femmes afin qu'elles sachent d'où elles viennent.

J'ai bien quelques projets pour la télévision…

Et puis, et puis… je veux profiter de chaque journée comme si c'était la dernière, aimer mes proches comme si je n'allais plus les revoir. Continuer à façonner ma vie comme je l'entends et avoir le courage de passer par-dessus les douleurs physiques, accepter la mort quelle qu'elle soit, mais en étant entourée de ceux que j'aime.

En attendant, vive la vie !

Remerciements

À mon amoureux, sa constante tendresse m'aide à écrire. Sans lui…

À Johanne Guay, ma précieuse éditrice qui m'a incitée à écrire sur la peur de vieillir. Et qui a éclaté de rire quand je lui ai proposé le titre.

À Patricia Huot, mon attachée de presse si efficace et si douce, un heureux mélange.

À Librex. Tous les employés veulent autant que moi le succès de ce livre sur la vieillesse. Ça me donne des ailes.

À tous les docteurs passés ou présents qui m'aident à vieillir en santé.

Un merci spécialement tendre aux Drs Yves Lamontagne, mon conseiller pour ce livre, Réjean Thomas, mon médecin de famille, et David Lussier, spécialiste de la douleur à l'Institut universitaire de gériatrie de Montréal.

Immenses mercis et gros câlins à ceux qui me lisent fidèlement. Qu'est-ce que je ferais sans vous ?

Suivez les Éditions Libre Expression sur le Web :
www.editions-libreexpression.com

Cet ouvrage a été composé en ITC New Baskerville 13/16
et achevé d'imprimer en février 2016 sur les presses
de Marquis imprimeur, Québec, Canada.

certifié procédé 100 % post- archives énergie
    sans chlore consommation permanentes biogaz

Imprimé sur du papier 100 % postconsommation,
traité sans chlore, accrédité Éco-Logo et fait à partir de biogaz.